AF612076

AFFAIRE DE PANAMA

COUR D'ASSISES DE LA SEINE

PLAIDOIRIE

DE

Me DU BUIT

POUR

M. Marius FONTANE

PARIS
SOCIÉTÉ ANONYME DE PUBLICATIONS PÉRIODIQUES
13, QUAI VOLTAIRE, 13

1893

57

AFFAIRE DE PANAMA

Lb^{57}
10926

AFFAIRE DE PANAMA

COUR D'ASSISES DE LA SEINE

PLAIDOIRIE

DE

Me DU BUIT

POUR

M. Marius FONTANE

PARIS

SOCIÉTÉ ANONYME DE PUBLICATIONS PÉRIODIQUES

13, QUAI VOLTAIRE, 13

—

1893

AUDIENCE DU 17 MARS

MESSIEURS,

Il me semble qu'après la magnifique défense que vous venez d'entendre, ce que les autres défenseurs auraient de mieux à faire serait de renoncer à la parole.

Ce n'est pas que le sentiment de notre insuffisance personnelle puisse se mêler à l'admiration que nous éprouvons tous pour une si rare et si haute éloquence.

C'est que nous sentons que ce merveilleux effort a dû pénétrer profondément dans vos consciences, de même qu'il a soulagé les nôtres et, on peut le dire, celle de tous les Français, du poids qui les oppressait.

Il faut cependant que nous revenions à chacun de ceux que vous avez à juger, et qui ont bien voulu faire appel à notre ministère.

Au surplus, la défense de M. Fontane peut être courte. Le ministère public l'a retenu pour tous les faits qui vous sont déférés, mais il est visible qu'il a dû faire des efforts considérables pour vous demander de rendre contre M. Fontane un verdict affirmatif sur tous les points. Sa part est si minime que c'est à peine si on a su comment le rattacher au procès. Qu'apporte-t-on à cette audience ? D'une part, une participation à titre de comparse, de témoin, sans aucune responsabilité personnelle, sans initiative et sans décision, dans les faits de 1886 relatifs à la corruption de M. Baïhaut ; et pour les faits de 1888, rien que des hypothèses sans preuve, rien que des généralités vagues, démenties par tous les faits positifs de la cause. Voilà ce que le ministère public nous apporte, voilà tout le bagage de l'accusation.

S'il est difficile à M. l'Avocat général de rattacher l'inculpation de M. Fontane à ces faits principaux relevés par l'acte d'accusation, il lui est plus malaisé encore de la relier à ces autres incidents qu'il a tenté de grouper dans le réquisitoire oral, pour déterminer dans vos esprits une impression défavorable que les faits sur lesquels vous aurez à statuer ne suffisaient pas à produire.

En effet, M. l'Avocat général ne vous montre M. Fontane ni dans le salon de M. Allain-Targé, ni dans le jardin de M. Germain Casse, ni dans le wagon où M. Souligou aurait fait à M. Chantagrel ces propositions déshonnêtes qui les ont laissés si bons amis, ni dans l'appartement modeste de M. Levasseur, ni enfin dans les couloirs de la Chambre. Il ne peut pas vous le montrer mettant sa main dans la main d'Arton, et versant les 200.000 ou 300.000 francs — car on n'est pas d'accord, — qui, à un moment donné, auraient été donnés à M. Sans-Leroy.

M. Fontane n'est nulle part, son intervention active

n'existe pas ; son intérêt personnel n'apparaît pas ; on ne tente même pas de l'établir. L'accusation de corruption devrait donc disparaître.

Mais, Messieurs, désarmée de ce côté, l'accusation cherche ailleurs ses arguments. M. Fontane, vous dit-elle, tenait les clefs de la caisse, c'est lui qui a fourni les fonds.

Et c'est alors, au nom des obligataires et des actionnaires dépouillés, que M. l'Avocat général élève la voix. Est-il vraiment dans son rôle? A-t-il bien le droit de le faire?

Je ne le crois pas. J'aurai l'occasion de prouver que son allégation est démentie, que M. Fontane ne tenait point les clefs de la caisse et qu'aucune somme n'en est sortie par son ordre, pour aucune des œuvres basses qui vous ont été dénoncées. Ce sera la discussion ; mais dès à présent, n'ai-je pas le droit de dire à M. l'Avocat général qu'il se trompe d'audience en venant refaire ici un procès déjà jugé devant la première chambre de la Cour?

Il ne l'oublie pas, ce procès, puisqu'il s'empare de l'arrêt qui condamne M. Fontane à deux années de prison pour détournements. S'il a été condamné pour détournements au préjudice des obligataires, que venez-vous ici reproduire à nouveau, sous une nouvelle forme, la demande d'une condamnation nouvelle du chef de corruption? M. l'Avocat général n'en a pas le droit, et il aurait d'autant plus mauvaise grâce à le faire qu'il serait en contradiction formelle avec l'intérêt de ces mêmes obligataires, de ces mêmes parties civiles dont vous avez entendu le langage. Les avocats des parties civiles ont-ils fait entendre contre M. Fontane des paroles de haine et de colère? Que devient cette rumeur que nous annonçait M. l'Avocat général et qui devait s'élever de trois cent mille poitrines?

Les obligataires se taisent; il sont au nombre de 800.000 : pendant cinq années aucun d'eux n'a élevé la voix. Vingt d'entre eux sont ici; ils ont parlé. Vous avez pu vous convaincre qu'un intérêt politique, bien plus qu'un intérêt pécuniaire, avait décidé leur intervention.

Interrogez leur conscience, scrutez leurs intentions secrètes. Si, comme l'a dit M. de Lesseps, il se fût rencontré un député, un sénateur, un ministre assez misérable pour demander de l'argent, et si le sort de la Compagnie en eût dépendu, consultez-les, Messieurs, et demandez-leur si non seulement ils n'auraient pas pardonné à leurs administrateurs d'avoir satisfait pour le salut commun à une telle exigence, demandez-leur même s'ils n'auraient pas donné le conseil de céder, si ignoble fût-elle, à la pression du ministre ou du député.

Oui, c'est bien là la vérité de ce procès. Les administrateurs ont fait pour le mieux dans des circonstances difficiles, et je crois que M. l'Avocat général n'a pas été heureux en évoquant ici le souvenir de cet arrêt que la France entière a accueilli avec un sentiment de douloureuse stupéfaction.

Cet arrêt est déféré à la Cour de cassation qui revise les décisions des juges et, laissez-moi vous le dire, après la Cour de cassation, il relèvera de l'histoire, qui juge les juges eux-mêmes. (*Mouvement.*)

M. Fontane s'en remet à sa décision. Il est condamné quant à présent; il espère que la Cour de cassation l'affranchira de cette condamnation, qu'il considère comme imméritée. Mais il a, pour le soutenir, le sentiment de son innocence. La conscience d'avoir rempli son devoir en honnête et fidèle serviteur lui suffit pour subir avec résignation l'injuste épreuve à laquelle il est soumis. Il sait qu'il paie en ce moment sa foi, son dévouement, sa fidélité. Quoi qu'il puisse lui en coûter, il ne regrette pas de les avoir donnés.

Il est soutenu, permettez-moi de le dire encore, par des témoignages d'estime, qui le réconfortent dans ces jours d'épreuve, et je lui demande, parmi tous ces témoignages, de garder toujours une place à celui que je lui donne ici publiquement.

Pourquoi donc ai-je gardé cette estime et pourquoi ai-je le droit, à cette audience, d'en rendre l'expression publique? Je vais vous le dire.

Devant la première chambre de la Cour, M. Fontane était poursuivi pour des faits postérieurs au 11 juin 1888. Vous savez qu'en matière de délit, la prescription est de trois ans et que l'action du ministère public tombe lorsque trois ans se sont écoulés depuis les faits incriminés. Or la poursuite n'a été commencée que le 11 juin 1891. Tous les faits antérieurs au 11 juin 1888 étaient donc nécessairement laissés de côté, et c'est seulement à partir de cette date qu'on pouvait rechercher sa responsabilité. M. Fontane avait fait connaître à la Cour qu'il s'expliquait difficilement les poursuites dirigées contre lui. En effet, il était recherché, seul avec M. Cottu, parmi 24 administrateurs et 6 membres du comité de direction, à raison même de sa qualité d'administrateur et de membre de ce comité. Et pourtant il pouvait établir que, à partir de 1886, une grave maladie l'avait tenu éloigné des affaires de la Compagnie, que depuis le mois d'octobre 1886, il était, en fait, démissionnaire ; que sa démission officielle avait été acceptée en juillet 1887 et qu'après avoir essayé de lutter contre le mal pendant toute une année, il avait été saisi à Marseille, au mois d'août 1888, par une affection terrible, une fièvre typhoïde qui, sans mettre ses jours en danger, portait à sa santé physique et intellectuelle une atteinte profonde, durable, dont il a été plusieurs années à se remettre.

Revenu en octobre, il avait consulté le docteur Magnan, médecin en chef de l'asile Sainte-Anne. Ce nom dit suffisamment le caractère des troubles dont il souffrait et, par ses ordres, il était reparti pour la campagne d'où il n'était revenu qu'au moment de la chute de la Compagnie.

Ces faits énoncés et développés devant la Cour, sont-ils exacts? L'arrêt ne les dément pas, il ne les discute même pas. Vous pouvez le lire tout entier d'un bout à l'autre, vous n'y trouverez pas un seul mot qui fasse allusion à la situation particulière de M. Fontane. C'est exactement comme si nous ne l'avions pas indiquée. Cependant, par des conclusions formelles, qu'heureusement la Cour de cassation retrouvera dans le dossier dont elle est actuellement saisie, nous avions formulé des faits précis auxquels la Cour n'a pas cru devoir répondre ; tout ce que je viens de résumer ici en peu de mots avait été dénoncé à la Cour dans les conclusions que je tiens à la main et que je ne lis pas, sachant bien que vous m'en croyez sur parole.

La Cour paraît ne pas nous avoir crus puisqu'elle

nous a condamnés, mais elle n'a donné aucun des motifs de son incrédulité. C'est pourquoi j'ai cité à cette audience un certain nombre de témoins que vous avez entendus. Je vous rappelle leurs déclarations. Le docteur Régnier, qui a soigné M. Marius Fontane de 1886 à 1888, a constaté le délabrement moral dans lequel il l'a trouvé. Il lui a conseillé le repos et vous a dépeint d'une manière que vous n'avez pas oubliée la gravité de sa singulière situation.

J'ai appelé devant vous le docteur Queyrel, médecin en chef de l'un des grands hôpitaux de Marseille, membre de l'Académie de médecine, qui vous a rendu compte à son tour de la maladie de M. Fontane. Par la nature même des phénomènes qu'il a relevés et constatés, il établissait que la fièvre typhoïde était due à un épuisement lent et général, provoqué par excès de travail. Vous avez entendu M. Lemerre, son éditeur, qui vous a dit comment sa maladie avait suspendu pendant quatre années la publication d'un ouvrage important dont je vous dirai quelques mots tout à l'heure.

Il y a donc ici une certitude absolue, et afin d'apporter un complément de preuves, je produis, non pas un certificat, mais un extrait des livres du docteur Magnan, médecin en chef de l'asile Sainte-Anne, qui vous fera connaître quel était l'état de santé de M. Fontane en octobre 1888.

Je soussigné, médecin en chef de l'asile Sainte-Anne, certifie avoir été appelé, à la fin d'octobre 1888, à donner des soins à M. Marius Fontane. Je l'ai trouvé dans un état névropathique fort pénible; il était d'une émotivité extrême, il éprouvait à la moindre contradiction des paroxysmes, dans lesquels il se sentait poussé à frapper ses interlocuteurs ; c'est avec beaucoup de peine qu'il parvenait à se maîtriser; puis, l'idée seule de ces personnages désagréables l'exaspérait, et il en arrivait à un tel état d'éréthisme que dès qu'il se trouvait seul, dans un lieu écarté, il lui semblait voir ces individus apparaître devant lui.

D'autres fois, ce n'étaient point des phénomènes impulsifs, mais bien des troubles inhibitoires qu'il éprouvait ; tout à coup, dans la marche, l'une des jambes s'arrêtait et la chute en avant devenait imminente, si le malade ne pouvait se soutenir à un mur, ou si, par un grand effort, il ne parvenait à retenir le haut du corps en arrière. Parfois, encore, il lui était impossible de saisir un objet, une plume, par exemple, il devait attendre, puis brusquement, la main s'emparait de la plume et traçait rapidement les mots qu'il s'agissait d'écrire.

Les nuits étaient mauvaises, et M. Fontane ressentait constamment une grande lassitude. Ces troubles nerveux, sous la dépendance d'une certaine prédisposition, mais aussi de fatigues, de préoccupations et de travail excessif, réclamaient un repos absolu, et je dus insister pour que M. Fontane, à cette époque, s'éloignât de Paris et cessât tout travail.

Les faits sont donc patents, et je dois penser que M. l'Avocat général a beaucoup moins le droit de douter de la maladie de M. Fontane que je n'ai, moi, le droit de douter de celle de M. Cornélius Herz. Mais je leur trouve encore une confirmation éclatante dans le dossier même de M. l'Avocat général.

Comment les documents que je vais citer sont-ils venus entre mes mains, c'est ce qu'en peu de mots je dois vous faire connaître ; car il paraît intéressant de jeter un coup d'œil sur les détours qu'a subis la procédure qui nous amène devant vous.

La chute de l'entreprise de Panama date du mois de décembre 1888 ; l'affaire a donné lieu, comme vous le savez, à deux instructions différentes : la première a été ouverte seulement trois ans après la chute de la Compagnie, c'est celle qu'a dirigée M. le conseiller

Prinet. Commencée au mois de juin 1891, elle avait pour but unique de rechercher les causes de la ruine.

Vous retiendrez, Messieurs les jurés, ce long délai. C'est un des caractères saillants de cette affaire et nous y insisterons plus d'une fois, mes confrères et moi.

Quand un grand désastre financier s'est produit, où des sommes considérables se trouvent engagées, la justice s'en émeut aussitôt et — c'est son devoir étroit — elle tient à savoir si tout a été honnête, si tout a été loyal, et si la mauvaise fortune peut seule être accusée du mauvais succès de l'affaire. Ici, Messieurs, on ne peut pas dire que l'entreprise fût médiocre : il s'agissait de 1.200 millions. On ne peut pas dire que l'entreprise n'intéressât pas un très grand nombre de personnes : c'est à 800.000 qu'on évalue le nombre des porteurs d'obligations. Mais les faits étaient si bien connus de tout le monde, les causes multiples de l'échec de la Compagnie, les difficultés de tout ordre contre lesquelles était venu se briser l'effort de M. de Lesseps apparaissaient si clairement, que le Parquet n'a pas un seul instant songé à provoquer une information judiciaire, et d'ailleurs, je le répète, pendant plusieurs années, aucune poursuite n'a été dirigée contre les administrateurs par aucun des obligataires dont on parle aujourd'hui.

L'instruction n'a été jugée nécessaire que le jour où une interpellation parlementaire a décidé M. le Garde des sceaux à la prescrire.

Cette interpellation, il est inutile de vous le dire, n'émanait pas des amis du gouvernement ; elle venait au contraire de ses adversaires, et nous touchons là du doigt le premier symptôme de cette maladie dont nous mourrons, Messieurs, si nous n'y prenons pas garde : l'intervention de la politique dans les affaires judiciaires.

Après trois ans, pour la première fois, une instruction a donc semblé nécessaire. Elle s'est suivie lentement, scrupuleusement, à l'aide d'interrogatoires pressants, de témoignages nombreux ; à l'aide aussi d'un travail immense confié à l'expert le plus renommé dont le Parquet dispose. On y a rencontré ce qu'on trouve partout dans les affaires financières : de la publicité, des syndicats d'émission ; mais aussi l'honnêteté personnelle absolue, indiscutable, de tous les administrateurs ; aucun fait qui pût faire un instant douter, non seulement de leur probité, mais même de leur scrupuleuse délicatesse. On a dit qu'on avait gagné beaucoup d'argent autour des affaires de Panama. On a reproché des gains excessifs réalisés par la Presse ou par les syndicats. Cherchez donc si vous trouvez un seul des membres du Conseil d'administration — et je le dis pour M. Fontane comme pour les autres — qui ait au bout des doigts une parcelle de l'argent dépensé.

Dans les syndicats, aucun administrateur ne figurait. Dans la publicité, aucun administrateur, ni directement ni indirectement, n'a pu participer au plus léger bénéfice. Dans ces quantités d'entreprises, qui ont été aussi l'objet de si vives attaques, qu'on a traitées ici même de gaspillages, — interrogez M. Flory, M. Prinet, — il a été impossible de découvrir même la trace d'une participation indirecte d'aucun des administrateurs, notamment de M. Fontane.

Par conséquent, des intentions honnêtes, une probité personnelle intacte, voilà ce que vous trouvez dans l'instruction. Trop de confiance, trop de foi, trop d'initiative peut-être, mais rien de plus.

Aussi, l'instruction allait-elle se clore, tout le monde savait qu'elle se terminerait par l'abandon des poursuites. Mais comment les partis hostiles auraient-ils laissé échapper une occasion si utile, si facile, si tentante, de diriger contre le gouvernement de nouvelles attaques? Aussitôt une violente campagne de presse est commencée et, cette fois encore, le gouvernement a cédé. On décide les poursuites : à la date du 21 novembre, l'assignation est lancée ; tout ce qui, la veille encore, paraissait innocent, légitime, devient tout à coup criminel ; et sur cette même instruction la Cour a prononcé, le 9 février dernier, une condamnation effrayante à cinq années d'emprisonnement contre M. Ferdinand de Lesseps, contre le Grand Français, malade et déchu.

Pendant que les débats se poursuivaient, tandis que la première chambre de la Cour était saisie des poursuites commencées par l'assignation du 21 novembre, voici qu'une nouvelle instruction commence. Des révélations nouvelles se produisent, elles circulent partout ; à la tribune de la Chambre, elles sont jetées au pays et confondent le Parlement étonné ; une commission d'enquête est nommée sur la demande même du gouvernement. On s'imagine que ces révélations ne peuvent provenir que des indiscrétions de MM. Charles de Lesseps, Fontane et Cottu ; on se figure que, dans une pensée hostile au gouvernement, ils alimentent de renseignements la presse de l'opposition. Aussitôt on les arrête.

Le 16 décembre, ils sont incarcérés, l'instruction nouvelle est confiée à M. Franqueville. Tous leurs papiers sont saisis ; ils sont mis au secret le plus rigoureux, secret maintenu par une exception peut-être unique dans les annales de la procédure criminelle, jusqu'à la date où, décemment, on ne pouvait plus ne pas le lever.

En effet, les prévenus étaient assignés à comparaître le 10 janvier devant la première chambre de la Cour, pour qu'il fût statué sur les faits relevés dans l'instruction de M. Prinet, et c'est le 7 janvier seulement, trois jours avant les débats, que les avocats ont pu être mis en communication avec leurs clients. Ils ont eu trois jours pour préparer la discussion d'une des affaires les plus longues, les plus difficiles, les plus compliquées, où il s'agissait d'examiner des griefs multiples et des marchés de toutes sortes. Voilà, Messieurs, comment l'instruction nous a traités.

Pendant le cours même des débats devant la première chambre, l'instruction de M. Franqueville se poursuivait. A la sortie de l'audience, nos clients étaient descendus au petit parquet où ils subissaient de nouveaux interrogatoires, la procédure restant toujours secrète. Nous ne pouvions, pas plus que les prévenus, connaître les pièces de M. le juge d'instruction Franqueville, car, — aux termes de la loi, je m'empresse de le reconnaître, — les pièces d'une instruction criminelle ne peuvent être communiquées aux défenseurs que lorsque l'arrêt de la Chambre des mises en accusation est rendu et signifié, et que l'interrogatoire de M. le président des assises a eu lieu.

Eh bien ! c'est le 7 février qu'a été rendu l'arrêt de la Chambre des mises en accusation. Cet arrêt a été signifié aux prévenus le 9 février. Le même jour, ils ont été interrogés par M. le président des assises, et par conséquent les pièces devaient être à notre disposition.

Mais, ce même jour, à quelques heures à peine d'intervalle, la première chambre de la Cour rendait l'arrêt qui condamnait M. Fontane à deux ans de prison.

Les pièces nous ont été livrées; je me suis empressé d'en prendre connaissance, et j'ai trouvé, sous les scellés de l'instruction criminelle, poursuivie parallèlement à l'affaire correctionnelle, la preuve décisive que tous les faits que j'avais signalés à la Cour, dans l'intérêt de M. Fontane, et qu'elle avait méconnus, étaient absolument établis.

Chez M. Ch. de Lesseps, on avait, dès le 16 décembre, saisi tous ses papiers. On avait notamment mis la main sur une liasse volumineuse de lettres. C'était toute sa correspondance intime avec M. Fontane depuis vingt ans. Il l'avait toujours conservée pour y retrouver leurs appréciations contemporaines au sujet des affaires de Suez et de Panama. Ah! Messieurs, assurément si ces deux hommes étaient coupables, c'est dans les confidences échangées à l'abri de toute investigation judiciaire, et remontant à de longues années, que la prévention pouvait espérer relever contre eux des preuves accablantes; c'est là qu'elle devait rencontrer les révélations décisives sur ces deux malfaiteurs, sur ces deux artisans de fraude.

Ces lettres, on les a lues avidement. Aucun feuillet n'a été négligé, tous portent le paraphe de l'instruction. Qu'a-t-on trouvé? Oh! croyez-le, si on eût découvert quelque chose, fût-ce une phrase, un mot, on eût tiré parti devant vous, et j'en ai pour preuve le parti qu'on a essayé de tirer de la lettre du 24 juillet 1888 émanée de M. de Reinach, adressée à M. de Lesseps, et sur laquelle votre opinion est définitivement faite après la démonstration de Mᵉ Barboux.

Qu'a-t-on vu dans ces lettres? Rien, absolument rien. Rien que l'honnêteté la plus scrupuleuse, ces hommes s'y dépeignent tels qu'ils sont, c'est-à-dire honnêtes, loyaux et francs.

Moi aussi, Messieurs, j'ai lu toutes ces lettres avec soin, et quels n'ont pas été ma surprise et mon regret en découvrant — trop tard, hélas! car l'arrêt de la première chambre venait d'être rendu, — en lisant, écrite de la main même de M. Fontane, à une époque contemporaine des faits de la cause, et dans les épanchements de l'amitié, la preuve de tout ce que nous avions plaidé en vain devant la Cour!

Laissez-moi lire quelques extraits de ces pièces empruntées aux scellés, et dites après cela si c'est une défense préparée après coup! dites si c'est pour les besoins de la cause que M. Fontane se disait malade à ce moment.

Voici d'abord une lettre du 9 juin 1887.

Il vous a dit et vous savez comment, le 27 juillet 1887, il a donné sa démission de membre du comité de direction de la Compagnie de Panama. Il restait l'un des administrateurs de cette Société, mais ne gardant qu'une part très restreinte dans l'administration. Eh bien! voici une lettre qui vous donnera, Messieurs les jurés, les motifs de cette démission :

Paris, le 9 juin 1887.

Mon cher ami, hier, une demi-heure après votre départ du bureau, Mᵐᵉ Cottu est venue me demander dix minutes d'entretien...

Je ne vous lis pas la partie de cette lettre relative à

ce que disait Mme Cottu ; elle demandait qu'on donnât à son mari une situation meilleure et plus élevée dans la Compagnie de Panama. Je lis seulement la partie qui relate la réponse de M. Fontane.

Je répondis à Mme Cottu :

« Vos souvenirs sont exacts quant au fond ; mais j'ai des réserves à faire quant à la forme. Je suis toujours reconnaissant à Cottu *d'être venu partager ma besogne et me permettre d'essayer de revenir à la santé.* En demandant à Cottu ce service personnel dans l'affaire, j'ai contracté une dette que je croyais devoir payer. *Dès le moment de son entrée chez nous,* j'étais décidé à demander à Charles de Lesseps et au président, pour la quatrième fois, de me prendre, au profit de Cottu, mon titre d'adjoint à la direction.

« Ce titre a été critiqué plusieurs fois à la commission des finances de Suez, il me donne un air d'ambitieux, et puisque Cottu venait partager, venait prendre ma besogne, il était juste qu'il prît mon titre et le traitement que je ne gagne pas. Donc il n'y aurait eu à avoir aucun scrupule, car Charles aurait reconnu que, même avant l'entrée de votre mari chez nous, j'avais souvent demandé cette modification.

« Depuis, Cottu a été nommé adjoint à la direction, et Charles a absolument refusé de m'éliminer, et le président aussi, ce qui m'a tourmenté et me tourmente encore, surtout maintenant que je suis matériellemant incapable de gagner mon double traitement.

« Je regrette d'être à Panama autre chose qu'un secrétaire général, et si je ne craignais pas de nuire à l'œuvre, je n'hésiterais pas à demander d'échanger tous mes titres administratifs contre un titre de fonctionnaire. C'est vous dire qu'à Panama non plus je ne suis pas personnellement un obstacle à votre mari ; au contraire, si je tombe fourbu, je demande, comme récompense, d'être remplacé par Cottu.

« Je ne crois pas que je puisse désormais — si ma présence peut être utile rue Charras — travailler avec assiduité. Je vais essayer encore du repos complet jusqu'à la fin de juin.

« Si après l'assemblée du Panama et l'emprunt, je suis dans le même état, ma conscience, mon amitié pour Charles et ma reconnaissance envers votre mari me feront demander qu'il remplisse mes fonctions, au moins par intérim, au Comité, et restant adjoint, moi, à la Direction, lui et moi, pourrons, sans scrupules, continuer nos travaux comme maintenant.

J'ai encore deux lettres postérieures : dans l'une, le

18 août 1887, M. Fontane, qui est allé à la campagne pour essayer de se reposer, écrit :

Cette succession d'orages me tue; j'ai passé deux journées déplorables au Bois-de-Méc.

Et le 22 août 1887 :

Le retour du beau temps m'a rendu le souffle.

J'ai pu, pendant nombre d'années, vous éviter une masse de détails administratifs; je ne le puis plus; je m'irrite, je m'énerve tout de suite; je souffre et gâterais plutôt que je n'arrangerais les choses si j'intervenais.

Je commence (c'est le caractère de ma maladie) à ne voir encore clair que dans le silence, à mal écouter, à mal entendre et à mal répondre; par conséquent je tourne à l'homme de cabinet que Musset a si bien peint dans *On ne badine pas*... et qui est un exemplaire vrai des victimes du surmenage. J'écrirais, me semble-t-il pendant des siècles, je ne puis plus presque parler, même chez moi.

Donc, bref, plus je vais, moins je pourrai vous secourir.

La maladie faisant toujours de nouveaux progrès, au mois de juillet 1888, il était arrivé à ce point que lui, qui était en même temps à Suez et à Panama et qui venait de se retirer de Panama, il suppliait M. de Lesseps de le décharger aussi de Suez.

Je n'ai plus la possibilité physique des travaux administratifs proprement dits : réunions de chefs, correspondance, surveillance et par conséquent plus d'autorité sur le personnel...

Je désire rester à votre service dans la mesure loyale de mes facultés actuelles qui sont insuffisantes pour les fonctions de secrétaire général.

Ces lettres ne sont-elles pas décisives? N'est-il pas certain que si la première chambre de la Cour les eût connues, elle eût dû prêter toute son attention aux conclusions que nous lui avions soumises, car il ne lui eût plus été possible de douter de la sincérité de nos affirmations. Hélas! elle ne les a pas connues parce que nous ne les avions pas nous-mêmes. Que de regrets pour nous, je n'ai pas besoin de le dire, et aussi pour les magistrats qui ont condamné M. Fontane à deux ans de prison, alors qu'à quelques pas, tout près d'eux, le dossier de M. Franqueville contenait la preuve matérielle des affirmations de l'accusé!

Quelles réflexions ne pouvons-nous pas faire sur le dualisme des instructions judiciaires? Ce n'est pas un reproche que j'adresse au Parquet, il n'a fait que suivre la loi. Le secret, paraît-il, est nécessaire. Mais le fait est là : N'est-ce pas une véritable fatalité qui pèse sur un homme honnête et probe comme M. Fontane et qui lui ravit ainsi les preuves de ses assertions?

Je vous ai dit que M. Fontane est un homme honnête, voulez-vous me permettre d'en trouver la preuve dans l'instruction de M. Prinet lui-même? Connaissez-vous beaucoup d'instructions criminelles ou correctionnelles dans lesquelles le juge instructeur, après dix-huit mois d'enquête, fait comparaître les prévenus pour leur tenir le langage suivant :

« Nous devons reconnaître, tout d'abord, que tous les paiements, de quelque nature qu'ils fussent, se sont trouvés justifiés avec pièces à l'appui par votre comptabilité et qu'il n'est résulté, soit de l'instruction, soit de l'expertise ordonnée par nous, aucune preuve de détournement, soit à votre charge personnelle, soit à la charge d'aucun de vos collègues de l'administration. »

Connaissez-vous beaucoup de témoignages de ce

genre? Et voilà cependant l'homme que vous avez aujourd'hui devant vous! Qui est-il? D'où vient-il? Quel est son passé, quelle est sa vie? Quels sont ses besoins et ses habitudes? C'est peut-être le moment de vous en entretenir.

M. Fontane n'est ni un financier, ni un faiseur d'affaires. C'est un savant, c'est un écrivain distingué, que l'amitié et la reconnaissance ont attaché à M. de Lesseps, sans parvenir à le distraire de ses études et de ses travaux.

Appartenant à une famille pauvre et obscure de Marseille, il avait été envoyé, à dix-huit ans, dans le Levant, au service d'une maison de commerce; il saisit l'occasion d'apprendre les langues de l'Orient. Doué d'une intelligence remarquable, d'une facilité merveilleuse pour ce genre de travail, il apprit rapidement l'arabe, le syriaque, le sanscrit et, très versé dans les choses de l'histoire, il profita de son séjour dans ce pays, qui est le berceau de nos origines, pour s'adonner avec une grande ardeur à l'étude des origines historiques des races indo-européennes et du mouvement de la civilisation dans le monde.

Son œuvre, conçue sur un vaste plan arrêté depuis de longues années dans son esprit, il a mis 25 ans à l'écrire, et c'est en 1881 qu'il a commencé à la publier sous le titre d'*Histoire universelle*, en 17 volumes. Vous avez entendu son éditeur: il vous a dit que depuis cette époque, un volume avait paru chaque année, et qu'il avait dû suspendre la publication de 1885 à 1889 : ces indications sont en concordance parfaite avec les lettres de Fontane et les témoignages des médecins.

Laissez-moi rappeler aussi, ne fût-ce que d'un mot, que cet ouvrage a produit des bénéfices, et que M. Lemerre, d'après son traité, devait les partager avec M. Fontane. M. Fontane ne les a jamais demandés, ils sont restés dans la caisse de l'éditeur, et chaque fois qu'on en parlait, discrètement, M. Fontane répondait : « C'est bien, c'est bien, laissons cela, nous en profiterons pour faire quelque bonne œuvre et pour imprimer le livre d'un jeune auteur. » Voilà le financier, voilà l'homme d'argent, voilà l'homme que M. l'Avocat général mêle à cet épouvantable débat.

Je pourrais vous dire, Messieurs, avec beaucoup d'auteurs éminents, M. Claretie, M. de Saint-Victor, M. Littré, ce qu'il faut penser de l'ouvrage de M. Fontane ; il y a dans mon dossier un article assez étendu du *Dictionnaire des Contemporains* où vous pourrez trouver quelques renseignements sur ses ouvrages ; pour moi, il me suffit de faire passer sous vos yeux les termes dans lesquels M. Ferdinand de Lesseps, membre de l'Académie française, a présenté cet ouvrage à l'Académie dans la séance du 2 novembre 1880. Je prends cette citation dans le *Journal officiel* du 12 novembre 1880.

M. Marius Fontane est mon collaborateur depuis vingt ans dans mes études et dans mes travaux de Suez et de Panama. Je l'ai toujours vu, travailleur infatigable et consciencieux, préparer l'œuvre savante et encyclopédique qu'il livre au public. Son œuvre est une de celles qui concourent à la glorification de la science, et c'est à ce titre que vous la jugerez digne de votre attention.

Comment M. de Lesseps pouvait-il dire que M. Marius Fontane était son collaborateur depuis vingt ans ? Quelques lignes du *Dictionnaire des Contemporains* vont vous l'apprendre :

Entré en apprentissage dans un atelier de menuisier, Marius Fontane continuait le soir ses études et publiait, dans des journaux de la localité, des articles remarquables. Trop faible pour le métier rude auquel on le destinait, on dut l'envoyer en Orient pour y rétablir sa santé. Engagé par une maison syro-marseillaise, il fut envoyé à Beyrouth, où il se trouvait au moment des graves affaires de Syrie. Sa connaissance de l'arabe le fit utiliser par le consul général, Edmond de Lesseps, à des négociations secrètes dans le Liban.

Il eut l'occasion d'y accomplir une mission périlleuse. C'est dans ces circonstances qu'il rencontra M. Ferdinand de Lesseps, qui s'occupait alors de la constitution de l'entreprise du canal de Suez. Ferdinand de Lesseps s'attacha Marius Fontane qui suivit, comme secrétaire personnel, le promoteur des deux plus grandes œuvres du siècle.

Voilà, Messieurs, comment il est devenu le collaborateur de M. de Lesseps ; mais il ne lui demandait pas une large place, à ce moment, dans sa collaboration. Ce que M. Marius Fontane demandait à M. Ferdinand de Lesseps, c'était un emploi modeste dans les bureaux de la Compagnie, un emploi qui, en ne l'obligeant qu'à demeurer de neuf heures du matin à quatre heures du soir à son bureau, lui laissât sa matinée, sa soirée et sa nuit pour travailler à son grand ouvrage. C'est ainsi qu'il devint employé de troisième classe au service des titres, aux appointements de 1.500 francs par an.

M. de Lesseps n'a pas voulu l'y laisser ; il a jugé qu'il eût été dommage de laisser des facultés pareilles s'atrophier dans un service secondaire ; il l'a attaché au secrétariat, et, l'a élevé, par étapes successives, jusqu'aux emplois dignes de lui. 1.600 francs en 1858, 1.800 francs en 1861, 2.100 francs en 1862, 2.700 fr.

en 1865, 3,600 francs en 1866... C'est seulement en 1870 qu'il arrive au poste de secrétaire général.

Voilà l'homme, et certainement aucun de vous, Messieurs, ne s'étonnera qu'il ait conservé vis-à-vis de ce chef éminent les sentiments d'un sous-ordre, les sentiments d'un employé absolument fidèle; personne ne peut trouver étrange que, malgré le titre dont il a plu à M. Ferdinand de Lesseps de le décorer, il n'ait jamais cessé d'avoir pour lui et pour son fils la déférence et le dévouement d'un obligé reconnaissant. C'est ainsi, Messieurs, que M. Fontane est entré au Suez. Naturellement il a suivi M. Ferdinand de Lesseps au Panama.

Son rôle n'a pas changé. Il est vrai que pour lui faire honneur, pour le récompenser de ses longs et loyaux services, M. de Lesseps a voulu qu'il devînt administrateur et même membre du comité de direction; mais sous ces nouveaux titres, il était toujours le secrétaire, l'ami, le confident de M. Ferdinand de Lesseps. Ses fonctions étaient celles d'un secrétaire général, premier employé de la Compagnie, habitant dans l'immeuble même, afin de pouvoir répondre à tout appel, faisant exécuter et exécutant tous les ordres qu'on lui donnait. Vous l'avez vu, dans la lettre que je vous ai lue, regretter ses fonctions de secrétaire général et demander à se décharger de ses titres d'administrateur et de membre du comité, seules qualités que M. l'Avocat général invoque aujourd'hui contre lui.

Mener de front l'administration intérieure de Panama, le secrétariat général de Suez, la publication de son ouvrage, il faut croire que l'entreprise était trop lourde pour une nature aussi frêle que celle de M. Fontane. Après cinq ans de ce labeur assidu, il lui devint impossible de continuer; vous avez vu l'état dans lequel il se trouvait, il vous l'a dépeint lui-même, je n'y insiste plus...

Permettez-moi seulement d'ajouter ceci : Il se sentait si profondément atteint qu'il entrevoyait pour une date prochaine la mort à laquelle il se résignait en philosophe ; une seule chose pouvait profondément troubler son cœur, c'était de quitter les êtres qui lui étaient chers et de ne pas voir s'achever l'œuvre du Panama. Il fit donc son testament. Il pria M. Charles de Lesseps, qui accepta, — par une lettre que vous trouverez dans mon dossier — dans les termes les plus affectueux et les plus charmants, d'être son exécuteur testamentaire. Je dois, en quelques mots, vous dire quelles étaient ses dispositions; sans enfants, ayant concentré toute son affection sur sa femme, il instituait :

Comme légataire universelle, l'Académie des Inscriptions et Belles-Lettres qui, avec le produit annuel des revenus, après la mort de ma femme, fera exécuter des voyages archéologiques et publier le résultat de ces voyages en volumes in-8° formant une collection sous le titre de *Collection Juliette Fontane, Voyages archéologiques* », attendu que c'est avec le consentement de ma chère femme et grâce à elle que je puis formuler ainsi mon intention.

Encore une fois, voilà l'homme! vous le connaissez maintenant, c'est à vous de dire, quand nous aurons examiné très rapidement les faits de l'accusation, s'il méritait d'être traduit sur ces bancs sous la prévention de corruption.

Rendons-nous compte maintenant de ce que le ministère public a relevé contre lui.

D'abord des insinuations... Le ministère public ne les aime pas, il nous l'a dit, — et il a parfaitement raison, — quand elles viennent des accusés ; nous avons donc le droit de professer pour ce genre d'arguments l'aversion qu'il éprouve lui-même, et de les rejeter du débat quand par hasard il en formule à son tour.

Or, je ne puis véritablement donner que le nom d'insinuation à ce qui vous a été dit sur le rôle de M. Fontane dans la corruption de la Presse et dans la corruption des financiers.

D'abord, la corruption de la Presse ! Je pense, Messieurs, qu'après les explications qu'il vous a données, vous devez savoir à quoi vous en tenir à cet égard. Il est vrai que pendant quatre années, de 1881 à 1885, M. Fontane a été chargé du service de la publicité. Lorsque le Conseil de direction avait établi la liste des journaux qui devaient participer aux fonds votés à leur intention, c'était M. Fontane qui se mettait en rapport avec eux et réglait, pour chaque journal, la rémunération qui devait lui être donnée.

Il s'est acquitté de ce soin avec une probité scrupuleuse, et uniquement préoccupé de ménager les deniers de la Compagnie. Cela est si vrai que — tout le monde vous l'a dit, — il s'était acquis en quatre ans une magnifique impopularité parmi tous les agents de publicité, et l'on a été obligé de lui retirer ce service sur les plaintes qu'ils élevaient contre sa dureté. Vous en avez entendu un écho jusque dans ces audiences : M. Souligou vous a dit qu'ayant fait un petit traité de publicité de 2.300 ou 2.400 francs avec M. Marius Fontane, il n'avait jamais pu obtenir son payement parce qu'il lui avait été impossible de justifier d'une publication effective dans les journaux.

M. Fontane vous a expliqué en même temps comment il était arrivé à un résultat économique pour la Compagnie, mais fort mauvais pour ses relations personnelles avec certains agents de publicité. Il s'était avisé que les sommes qu'il donnait s'arrêtaient en route, avant de parvenir à leur véritable destinataire, le journal qui seul rendait le service, que 33 0/0 restaient aux mains d'un premier intermédiaire et 33 0/0 aux mains d'un second.

Alors il avait eu la pensée d'aller trouver directement le journal, de s'adresser à lui, de traiter avec lui, de lui offrir environ 50 0/0 de la somme qu'il donnait jadis aux intermédiaires, assurant ainsi une économie de 50 0/0 à la Compagnie et un bénéfice de 14 ou 15 0/0 au journal lui-même.

Il vous a expliqué comment tout cela n'était possible qu'en ménageant la susceptibilité de chacun des journalistes, et en ne laissant connaître à personne, pas même aux employés de la Compagnie de Panama, quel était le chiffre réduit que chacun acceptait; c'est là ce qui a donné naissance aux bons anonymes.

Mais ici, il ne faudrait pas, Messieurs, que l'accusation vous induisît en erreur. Tous les bons, même anonymes, ont été retrouvés, et à l'exception d'une somme de 37.000 francs, je crois, postérieure à la gestion de M. Fontane, il a été impossible de signaler un bon qui ne soit pas allé à son destinataire et ne porte l'acquit de la personne qui en devait bénéficier.

Passons à la corruption des financiers.

On me permettra, Messieurs, de sourire un instant

à une accusation pareille. M. Fontane, corrupteur des financiers! lui qui est complètement étranger à la finance, qui n'a jamais mis les pieds à la Bourse et qui serait une dupe facile pour le dernier de tous les financiers de la place de Paris!

On a dit qu'il tenait les clefs de la caisse : c'est ici le lieu de rectifier cette erreur. Suffit-il à M. l'Avocat général de mettre dans son réquisitoire écrit : « Fontane tenait les clefs de la caisse » ? Lui suffit-il, pour renforcer l'autorité de cette affirmation écrite, de dire à l'audience : « Fontane tenait les clefs de la caisse »? Êtes-vous donc tenus d'accepter comme preuve faite ce que vous dit M. l'Avocat général? On avait entendu M. Monchicourt dans l'instruction, on l'eût entendu à cette audience s'il n'était retenu par la maladie, pour établir qui avait la disposition des fonds. A-t-on fait venir le caissier, les employés, les autres membres du comité de direction? Non. Et pourquoi ne les a-t-on pas fait venir? Parce que l'on était bien sûr à l'avance de la déposition qu'ils vous feraient entendre.

Vraiment, Monsieur l'Avocat général s'imagine-t-il donc qu'une vaste entreprise comme la Compagnie de Panama, se règle et s'administre de cette façon tout à fait superficielle? M. Fontane a les clefs de la caisse! Mais, Messieurs, c'est à n'y pas croire. Il y avait, dans la Compagnie, un Conseil de vingt-quatre membres; ces vingt-quatre membres avaient à leur tête un président et trois vice-présidents; le Conseil était divisé en un certain nombre de comités : le comité des finances, le comité des travaux, le comité d'exécution; c'était dans ces comités que toutes les affaires étaient étudiées; puis elles étaient rapportées au Conseil et le Conseil délibérait. Sachez bien, Messieurs, qu'aucune dépense n'a été faite à l'administration du canal de Panama sans qu'un vote du Conseil n'eût ouvert des crédits. Et si vous me dites maintenant : « Fontane tenait les clefs de la caisse », je vous répondrai : pardon ! ce n'était pas Fontane qui tenait les clefs de la caisse, c'était le caissier, et le caissier n'a jamais payé sans être en possession de pièces comptables.

Non, Fontane ne tenait pas les clefs de la caisse ! Chaque fois qu'une émission devait être faite, le Conseil se réunissait. L'accusation peut demander ces pièces à M. Monchicourt : il y a, comme on vous l'a dit hier, non seulement des procès-verbaux réguliers, mais une sténographie intégrale de toutes les opinions émises par chacun des membres du Conseil, et, par suite, on peut savoir où est la responsabilité. Jamais aucune émission n'a eu lieu sans que le Conseil, sur la proposition de son comité des finances dont Fontane ne faisait pas partie, eût décidé quelle était la somme mise à disposition pour subvenir aux frais d'émission, tant pour la publicité que pour les syndicats.

Sur la corruption des financiers, je n'aurais plus rien à dire si je n'avais à m'expliquer en quelques mots sur la dépêche du 10 juillet, adressée par Cornélius Herz, et que M. Fontane aurait eu le tort impardonnable de recevoir.

Permettez-moi de vous dire d'abord que M. Fontane n'est pas responsable de ce que M. Cornélius Herz lui a écrit. Puis, M. Fontane n'est pas seul, vous le savez, à avoir alors reçu des télégrammes de Cornélius Herz. Il y en a eu plus de cinquante-deux. Ces télégrammes, *en clair*, étaient destinés beaucoup plus aux yeux indiscrets de la police et du gouvernement qu'aux yeux de ceux dont les noms figurent sur les télégrammes eux-mêmes. Il s'en est trouvé un qui a été adressé rue Charras, n° 9. Pourquoi au nom de M. Fontane? Vous le savez, parce que, de tous les administrateurs de Panama, lui seul, en sa qualité de secrétaire habitait la maison. A quelque moment qu'arrivât la dépêche, on était toujours sûr, si elle était adressée à Fontane, qu'elle serait ouverte et lue immédiatement.

D'ailleurs, que cherchait Cornélius Herz? Vous le savez aussi, n'est-ce pas? Les menaces ne s'adressaient pas à la compagnie de Panama. La compagnie de Panama ne redoutait rien de la part de M. Cornélius Herz; la preuve, c'est qu'elle a purement et simplement classé ce télégramme au contentieux, sans y répondre. Fontane n'avait pas de doute ni d'hésitation sur la signification de la dépêche. On vous l'a dit, M. de Reinach assourdissait les bureaux de la Compagnie, je pourrais même dire les boulevards, de ses plaintes et de ses doléances irritées; Fontane savait bien que de Reinach était en butte à une campagne de pression, menée par Cornélius Herz et, par conséquent, il n'a eu aucune peine à découvrir quels étaient la portée et le but du télégramme du 10 juillet.

Sans s'en occuper autrement, il l'a donc fait passer au contentieux et ranger sous une cote où, cinq ans après, l'instruction l'a retrouvé. Dès le premier jour, Fontane a dit: « Eh bien! c'est là une de ces dépêches en clair que M. Cornélius Herz adressait à M. de Reinach, afin d'exercer sur lui une pression », et il avait bien deviné, car vous savez, Messieurs, ce qui s'est passé, ce que M. Fontane n'a appris que par la lecture de l'instruction.

Ce qui s'est passé, l'aborderai-je à mon tour ? Oui, si vous le voulez bien, mais en très peu de mots. Je n'ai pas, bien entendu, la pensée de m'ériger ici en scrutateur des consciences ; ce n'est pas mon métier, ce n'est pas mon rôle, et je laisse ce rôle à ceux à qui il appartient de par la loi. Je n'ai pas l'intention non plus de mettre en doute la sincérité absolue de tous les témoignages qui ont été produits ici, tant par M. Clémenceau que par M. Ranc et par M. de Freycinet. Je suis convaincu que ces messieurs sont aussi parfaitement honorables que sincères ; que c'est par le sentiment mal compris d'une responsabilité qui n'existe pas, qu'ils ont cherché à atténuer des faits d'une simplicité extrême. Je vous demande la permission d'en analyser quatre, à quatre dates différentes, mais très rapprochées :

Premier fait. — Depuis l'émission, qui est du 27 juin, jusqu'au 10 juillet, nous voyons M. de Reinach essayer par tous les moyens d'obtenir beaucoup d'argent de M. de Lesseps, et nous voyons M. de Lesseps, avec une volonté absolue, lui répondre : « Non, vous n'en aurez pas ; j'ai limité votre part et je ne la dépasserai pas ; vous argumentez des exigences de Cornélius Herz, je ne le connais pas ; si Cornélius Herz a quelque chose à me demander, qu'il me le demande ! jusqu'à présent il ne l'a pas fait ; et s'il a avec vous des affaires personnelles, qui l'ont rendu votre créancier, c'est votre affaire ; ce n'est pas l'argent de la Compagnie de Panama qui doit servir à le payer. » Voilà son langage, voilà son attitude.

Seconde date, second fait. — Le 10 juillet, arrive la dépêche de Cornélius Herz. Change-t-elle rien aux dispositions de M. de Lesseps? Non, absolument rien ; on ne fait point venir de Reinach, on ne lui dit rien, on ne lui accorde rien et on classe la dépêche.

Mais voici un troisième fait. — Deux jours après, on est au 12 juillet, deux hommes politiques de premier ordre, M. Clémenceau d'une part, M. Ranc de l'autre, s'aperçoivent tout à coup qu'il y a une grosse question dans l'air. Comment s'en aperçoivent-ils? Ils ne s'en souviennent plus d'une manière précise.

Si on leur demande aujourd'hui, cinq ans après, qui les a initiés à cette situation, ils répondront qu'ils n'en savent rien, que c'était un bruit de cercle, que c'était une rumeur courante : que l'on parlait d'un gros procès probable entre M. de Reinach et la Compagnie de Panama. Ce procès leur apparaissait, disent-ils, comme une question brûlante, une question vitale pour le parti républicain... En quoi brûlante? en quoi vitale ? en quoi dangereuse! en quoi scandaleuse? pour qui inquiétante ? Eh bien ! ces messieurs n'en savent absolument rien, et toutes les questions qui leur ont été posées pour tâcher d'arriver à la précision ont nécessairement échoué, puisqu'ils ne le savent pas. (*Rires dans l'auditoire.*) On ne pouvait pas, comme le disaient justement MM. Ranc et Clémenceau, leur faire dire ce qu'ils ne savent pas.

Il s'agit donc bien, il n'y a pas d'erreur, d'une question très grave, très importante, très brûlante, vitale peut-être pour le parti républicain, mais ni M. Ranc ni M. Clémenceau ne savent en quoi elle est brûlante, en quoi vitale, en quoi dangereuse, pour qui inquiétante, pour qui scandaleuse. C'est un point acquis.

Néanmoins, ils sont tous deux d'accord sur la gravité

de cette question, et elle leur paraît tellement importante qu'ils se décident tous les deux à aller déranger le ministre de la guerre, M. de Freycinet, afin de lui communiquer leurs inquiétudes personnelles. Ils arrivent auprès de M. de Freycinet et lui demandent d'intervenir.

Est-ce dans l'intérêt de M. de Reinach? Non, non et non! M. Clémenceau a dit, d'une manière formelle, dans un de ses interrogatoires, qu'il n'avait même pas vu M. de Reinach depuis un mois au moment de sa visite à M. de Freycinet. Nous sommes donc bien d'accord avec lui, ce n'est pas dans l'intérêt de M. de Reinach qu'il a fait sa démarche ; M. de Reinach ne l'en avait pas chargé; s'il lui en avait parlé autrefois, il faut croire qu'il n'était pas bien pressé ; depuis un mois on ne l'avait pas revu.

Est-ce dans l'intérêt de la Compagnie de Panama? Non, non et non! Car M. Clémenceau et M. Ranc ont nettement affirmé et reconnu qu'ils n'avaient jamais vu à ce sujet M. de Lesseps, qu'on ne leur avait demandé aucune intervention, et ces messieurs savent trop bien l'importance d'une démarche pour intervenir en faveur de quelqu'un qui ne l'a pas demandé. Ils ne sont donc pas intervenus en faveur de M. de Reinach, ils ne sont pas intervenus en faveur de la Compagnie de Panama, voilà des points également acquis.

Pourquoi donc sont-ils intervenus? Eh bien! Messieurs, ils sont intervenus dans l'intérêt politique du parti républicain... Ne me demandez pas en quoi cet intérêt était engagé, je n'en sais rien... et eux non plus... (*Rires*). Ils l'ont dit de la manière la plus positive. Une seule fois M. Clémenceau vous a donné une explication ; mais il faut reconnaître qu'elle est un peu lointaine : il a dit que c'était en raison des élections futures et, comme on lui faisait observer que les élections ne devaient avoir lieu que quinze mois plus tard, il a répondu, en homme politique fort avisé, qu'on ne saurait s'y prendre trop tôt. (*Nouveaux rires.*) Par conséquent, la démarche est parfaitement expliquée.

Ces messieurs, demandent à M. de Freycinet de ne pas perdre un instant, d'avertir M. Ch. de Lesseps du bruit qui court, du procès imminent, de profiter de ses relations excellentes avec lui pour l'engager à examiner sérieusement la question, à bien se rendre compte, à se renseigner, et, s'il le pouvait, à se tirer de cette situation difficile sans éclat.

M. de Freycinet écoute ces messieurs, comme il sait écouter ; il comprend tout de suite, et cependant il ne sait rien lui-même. Veuillez bien le remarquer, j'accepte ici pleinement, sans aucune réticence, toutes les déclarations de M. de Freycinet ; il reçoit deux hommes politiques qu'il connaît, qui s'occupent des affaires les plus hautes de l'État, et, après un entretien familier sur les sujets qui les intéressent tous, on aborde la question du procès. M. de Freycinet est convaincu au premier mot. MM. Clémenceau et Ranc ne lui ont pas dit quel était le procès, ils ne lui ont pas dit en quoi l'intérêt du parti républicain était engagé ; ils ne le savaient pas, ils ne pouvaient pas le lui dire...

M. de Freycinet, de son côté, n'a pas demandé à MM. Clémenceau et Ranc quel était le procès dans lequel on lui demandait d'intervenir, il n'a pas dit : « Mais enfin, voyons, qu'est-ce que je dirai à M. de Lesseps, quand il viendra ? » Non : il savait que MM. Clémenceau et Ranc ne connaissaient rien du procès et qu'il était bien inutile de leur demander le moindre éclaircissement.

Mais comme il avait la plus grande confiance en MM. Ranc et Clémenceau, il s'est dit : « Je ne peux pas suivre un meilleur conseil que celui de deux amis éclairés, et puisqu'il s'agit d'une chose grave et pressée, inquiétante à leurs yeux, sans d'ailleurs qu'ils sachent pourquoi, je vais leur donner immédiatement satisfaction. » (*Mouvement d'hilarité.*)

Ce n'est pas demain, ce n'est pas par lettre, ce n'est pas par télégramme, non : il va envoyer un officier d'ordonnance à M. de Lesseps pour le prier de passer. M. de Lesseps se rend au ministère, et ici, Messieurs, j'accepte encore pleinement toutes les déclarations de M. de Freycinet, je ne veux pas en changer un seul mot. M. de Lesseps arrive, on échange les premières paroles; je ne cherche pas à citer textuellement la phrase par laquelle a débuté la conversation, ce qui est certain c'est que M. de Lesseps, aussitôt mis au fait, dit à M. de Freycinet : « Fort bien, je vais vous expliquer la chose ».

Une autre fois M. de Lesseps s'est également trouvé devant un ministre, au sujet de la même affaire, mandé de la même façon, et il a fait exactement ce qu'il avait fait ici à l'égard de M. de Freycinet; mais cette fois le ministre lui a répondu : « Voyons, Monsieur, je vous écoute » ; puis, au bout d'une conversation de cinq minutes, il dit à M. de Lesseps : « C'est là votre affaire? voilà pourquoi on me demande d'intervenir? mettez que je ne vous ai rien dit; à votre place, Monsieur, je ferais comme vous. »

Ce n'est pas ainsi qu'a procédé M. de Freycinet, d'après sa déclaration : quand M. de Lesseps lui a offert des explications : — « Non, non, permettez, il est inutile de me rien expliquer. » — M. de Freycinet nous a dit en propres termes : « Je lui ai fermé la bouche aux premiers mots ! » S'il lui a fermé la bouche aux premiers mots, il n'a donc rien su de l'affaire. MM. Clémenceau et Ranc n'en savaient absolument rien, et par conséquent n'ont rien pu lui dire, il n'a rien demandé à MM. Clémenceau et Ranc ; non seulement il n'a rien demandé à M. de Lesseps, mais il a refusé de l'entendre. Il est donc dans une situation d'impartialité merveilleuse, et c'est ce qui lui a permis de dire à M. de Lesseps : « Eh bien ! mon cher Monsieur, n'est-ce pas, c'est entendu ? nous avons causé de l'affaire, cela suffit. Vous ferez ce que vous voudrez, ce que vous pourrez, mais, autant que vous le pourrez, tâchez d'arranger tout cela. »

Voilà le troisième fait complètement expliqué. Il en reste un quatrième. Le 17 juillet, M. de Lesseps est convaincu et il donne à M. de Reinach la somme que celui-ci réclamait.

Eh bien ! Messieurs, quel est donc l'esprit assez mal fait pour trouver qu'il y a quelqu'un de compromis dans cette affaire ? Mais il n'y a rien, rien, absolument rien ! Comment pouvez-vous douter de la parole de M. Clémenceau qui vous dit qu'il ne savait rien ? comment pouvez-vous douter de la parole de M. Ranc qui vous dit qu'il ne savait rien ? comment pouvez-vous douter de la parole de M. de Freycinet qui vous dit qu'il ne savait rien ? Tout cela je l'admets, je l'accepte, c'est la vérité même, et j'ai fini sur ce point.

Il est vrai que j'aurais peut-être un cinquième fait à vous signaler. Mais si je vous le signalais, ces messieurs pourraient me dire que je suis de mauvaise foi vis-à-vis d'eux ; c'est donc avec toutes sortes de précautions oratoires que je l'aborde. Ce cinquième fait, mon Dieu, il se passe le 24 juillet, c'est le paiement par M. de Reinach à Cornélius Herz d'une somme de 2 millions.

Avouons que voilà un de ces hasards, véritablement très malheureux, qui déconcertent les plus avisés.

Ah ! nous comprenons maintenant que quand, cinq ans plus tard, on a révélé à M. de Freycinet, à M. Clémenceau et à M. Ranc que Cornélius Herz avait touché 2 millions sur les fonds versés à M. de Reinach, nous comprenons parfaitement que cela leur ait produit une impression extrêmement désagréable et qu'ils aient, à tout prix, non seulement voulu répudier toute intervention dans le paiement de 2 millions à Cornélius Herz, mais même dans les faits antérieurs, auxquels ils avaient pris une certaine part. De là, Messieurs, vient sans doute la satisfaction extraordinaire qu'ils ont ressentie de leur extrême prudence : « Comme nous avons bien fait de ne rien demander sur la nature du procès ! comme nous avons bien fait de n'en pas instruire M. de Freycinet ! comme M. de Freycinet a été bien inspiré d'être si discret ! Tout cela est véritablement providentiel ; nous en sortons nets et les mains nettes. »

M. de Lesseps aussi, en sort les mains nettes, car, veuillez bien le remarquer, Messieurs, il a cru que si l'on ne voulait pas l'entendre, c'est qu'on savait les choses aussi bien que lui. Quand un homme, appelé dans le cabinet d'un ministre pour faire un sacrifice, une concession, demande à s'expliquer et qu'on lui répond : « Mais non, mais non, c'est inutile », quelle est donc l'impression qu'il peut ressentir, surtout en faisant état de la crainte révérentielle qui peut l'animer dans une certaine mesure, si ce n'est que le ministre sait tout ? Il pouvait arriver, même pour les murs du ministère qui n'ont pas d'oreilles, que le nom d'un grand officier de la Légion d'honneur ne dût pas être prononcé. Tout cela se passe le plus galamment du monde, « sans qu'on ait effeuillé la reine des fleurs ». M. de Lesseps est sorti parfaitement convaincu.

Et, Messieurs, ne pourrait-on tirer de tout ceci un petit proverbe dont le titre serait : *Du danger de la trop grande discrétion ?*

Reconnaissons que derrière toutes ces ignorances il y a un homme bien habile ! il y a là, de l'autre côté de la frontière, un maître chanteur de première force, qui ne pouvant arriver seul à ses fins, y arrive cependant, par l'intervention parfaitement innocente de trois personnes qui n'ont jamais pu se douter qu'en travaillant dans l'intérêt du parti républicain, pour les élections de 1889, — fait lointain, — l'effet prochain et immédiat serait de mettre 2 millions dans la bourse de M. Cornélius Herz.

Voilà, me semble-t-il, Messieurs, le dernier mot sur cet incident et je ne retiendrai pas plus longtemps là-dessus votre attention, si ce n'est peut-être pour vous faire remarquer ce qui suit :

Voyons, voilà bien l'argent donné, en juillet, pour Cornélius Herz ?... Eh bien, d'après l'accusation, c'est ce même argent qui aurait été donné pour la corruption, pour celle même du mois d'avril, celle qu'on impute à M. Sans-Leroy. L'accusation a-t-elle bien réfléchi à cela?

Si je devais l'en croire, l'intervention de MM. de Freycinet, Clémenceau et Ranc, aurait donc entraîné une conséquence bien plus grave que la satisfaction des appétits de Cornélius Herz; elle eût, — tout aussi inconsciemment, cela va sans dire, — procuré les fonds destinés à payer la corruption! C'est assurément ce dont MM. Clémenceau, Ranc et de Freycinet ne pouvaient pas se douter: on ne peut leur faire un crime de n'avoir pas deviné, dès 1888, qu'en 1893 M. l'Avocat général découvrirait une pareille destination aux millions que leur insistance obtenait de M. de Lesseps.

Nous en avons fini, Messieurs, avec les préliminaires du procès. Il me tarde d'aborder, au fond, le procès lui-même.

Voyons d'abord le fait Baïhaut; je le traiterai rapidement.

M. l'Avocat général a cru devoir adopter, pour contredire la version de M. de Lesseps, de M. Fontane et de M. Blondin, la version de M. Baïhaut. Celui-ci n'aurait point déguisé sa pensée; il n'aurait ni dit ni laissé dire, ni laissé croire que les fonds par lui demandés eussent, dans ses intentions, une destination gouvernementale; non, il aurait dit brutalement, sans envelopper d'aucun voile sa cupidité, que l'argent devait lui profiter personnellement. Si l'accusation a suivi cette thèse, c'est dans le but évident de rendre moins favorable la situation de MM. de Lesseps et Fontane qu'elle retient à côté de M. Baïhaut.

Mais puisque l'accusation a fait à M. Baïhaut l'honneur d'adopter ses explications, me sera-t-il permis de lui demander de les suivre jusqu'au bout? En bonne justice, si vous prenez sa version, il faut la prendre tout entière. Eh bien! qu'a-t-il donc dit?

M. Baïhaut a dit — je l'ai relevé avec le plus grand soin — que l'œuvre de Panama était, à son avis, une entreprise excellente, que si, en 1886, la Compagnie avait pu émettre des obligations à lots, le succès eût été assuré, et qu'elle eût certainement achevé le canal à écluses. Les 600 millions, obtenus à cette époque, eussent prévenu la catastrophe finale.

Telle est l'opinion de M. Baïhaut; non pas seulement son opinion personnelle, mais une opinion fondée sur les rapports de M. Rousseau, de M. Dingler, de M. Boyer, son camarade d'école, qu'il avait vu partir pour Panama le cœur plein d'espoir; l'opinion de la commission consultative, l'opinion des amiraux, des inspecteurs des ponts et chaussées qui, tous, d'une façon unanime, déclaraient l'entreprise réalisable.

Si cela est exact, M. Baïhaut était tenu en conscience d'autoriser l'émission des valeurs à lots, et il eût commis une mauvaise action en refusant de présenter et d'appuyer le projet de loi. Et c'est dans ces conditions que vous vous étonneriez, Monsieur l'Avocat général, du sentiment de répulsion, d'écœurement qui a envahi le cœur de M. de Lesseps et de M. Fontane, qui sont d'honnêtes gens, en présence d'une exigence de un million destiné à pourvoir à des besoins gouvernementaux! Il faut donc qu'on tombe au plus bas degré de l'infamie pour exciter chez d'honnêtes gens un sentiment de répulsion? Et ce sentiment ne sera pas justifié lorsqu'un fonctionnaire public du plus haut rang mettra à prix, fût-ce pour les besoins de son gouvernement, un acte que dans sa conscience il déclare, non seulement un acte légitime, mais un acte nécessaire !

En vérité, l'alliance momentanée de l'accusation avec M. Baïhaut ne parviendra pas à rendre vraisemblable la version de l'ancien ministre des travaux publics.

Au fond comment peut-on tenter de retenir M. Fontane dans cette affaire? Quel fut son rôle? Que pouvait décider M. Fontane? Qu'a-t-il offert à M. Baïhaut? Que lui a-t-il promis? Que lui a-t-il donné? A toutes ces questions, avec confiance, vous pouvez répondre : « Rien ».

Et ici je suis obligé, en très peu de mots d'ailleurs, de rectifier quelques idées confuses qui se sont glissées dans le réquisitoire écrit et qu'a reproduites le réquisitoire oral; car, une fois le lit de l'accusation fait, on n'en a plus dérangé les plis.

M. Fontane a été mêlé à deux moments à l'affaire Baïhaut. Tout d'abord, il a reçu la première visite de M. Blondin, qu'il ne connaissait pas. Pourquoi l'a-t-il reçu? On lui en fait un premier crime : Ah ! c'est vous qui avez reçu Blondin... « J'ai reçu M. Blondin, répond M. Fontane, comme je reçois tout le monde. Avant de pénétrer auprès de M. de Lesseps, toujours très occupé, il faut passer par l'écluse de mon bureau. Blondin a traversé cette écluse. Je l'ai reçu. Il m'a fait ses comunications. Je l'ai arrêté au premier mot en lui disant : « Pardon, Monsieur, c'est trop gros pour moi, c'est trop lourd pour mes oreilles, je vais immédiatement prévenir M. de Lesseps. »

Blondin a attendu. Conversation rapide avec M. de Lesseps : « Il y a là un monsieur qui... — « Impossible! dit M. de Lesseps ; c'est encore quelque maître chanteur, quelque homme de la connaissance de Baïhaut, qui sait qu'il va déposer le projet de loi et qui en profite pour nous rançonner lui-même... Mettez-moi ce monsieur à la porte. » Fontane sort, exécute l'ordre et congédie M. Blondin.

Voilà la première intervention de M. Fontane. Pensez-vous qu'elle soit criminelle? Quant à moi, je ne le crois pas.

Et la seconde? Le lendemain, M. de Lesseps, qui a été voir le ministre qui l'a mandé, en est revenu avec une impression différente. Il dit alors à M. Fontane : « Décidément j'ai réfléchi, faites-moi venir M. Blondin. »

M. Fontane envoie quelqu'un au Crédit lyonnais : ce n'est pas loin, et M. Blondin revient voir M. de Lesseps.

Est-ce là l'intervention criminelle de M. Fontane? Si vous le pensez, Messieurs, vous le direz; quant à moi, je ne puis pas m'arrêter à discuter ce point-là.

La conversation s'engage, en dehors de M. Fontane, entre M. de Lesseps et M. Blondin. C'est là que M. de Lesseps se défend, c'est là qu'il trace, sur le petit papier retrouvé plus tard, les chiffres par lesquels il a démontré la résistance qu'il a opposée pied à pied, voulant être aussi avare que possible des deniers de la Compagnie, en face d'exigences qu'il était bien dans la nécessité de subir. M. Fontane n'assiste point à l'entretien. Que s'est-il passé? Il n'en sait rien; il n'est responsable de rien.

Je vous demande encore de dire si c'est là que vous trouvez sa criminalité?

Le lendemain M. de Lesseps l'appelle et lui annonce qu'il a rendez-vous avec Baïhaut, dans la maison de M. Blondin, afin de vérifier si c'est bien du ministre qu'il est le porte-paroles. Il ne peut pas ou il ne veut pas y aller lui-même; il prie M. Fontane de s'y rendre. Dans l'instruction M. de Lesseps, qui est un homme généreux, qui a l'âme grande est noble, a dit : « J'ai donné *l'ordre* à Fontane », pour le dégager encore plus. Vous entendez bien que M. de Lesseps lui a dit : « Faites-moi l'amitié d'y aller à ma place. » Fontane y va. Il rencontre Baïhaut dans le salon de M. Blondin, il le reconnaît.

S'est-il passé là un marchandage quelconque? a-t-on discuté? a-t-on fixé des échéances? Rien, absolument rien! M. Fontane après une minute d'entretien a pris son chapeau, est sorti et est revenu à la Compagnie en disant : « C'est bien Baïhaut que j'ai rencontré chez Blondin. »

Est-ce encore là une participation criminelle? On vous demande de le dire. Eh bien! vous répondrez : Non.

Quel est enfin le dernier reproche de l'accusation?

On dit à Fontane : « C'est vous qui avez payé Blondin. » Et quand Fontane serait un caissier, est-il donc responsable parce qu'il paye une somme d'argent?

« Il est bien certain, réplique M. l'Avocat général, qu'il avait les fonds à sa disposition et que sans sa participation on n'aurait rien pu payer à Blondin. » C'est une erreur, vous le savez. M. l'Avocat général oublie qu'on a payé sur des bons! L'ordre a été donné par M. de Lesseps ; et celui-ci n'aurait pas permis que Fontane y apposât sa signature ; c'est M. de Lesseps qui a pris la responsabilité, et Me Barboux vous a démontré qu'il n'est pas responsable au point de vue pénâl. Dans ces conditions, comment imposer à Fontane une responsabilité, nulle, je le répète, mais qui, si elle existait, ne lui incomberait pas.

On s'est ensuite attaché à cette circonstance que le payement aurait eu lieu dans l'appartement de Fontane. Cela est sans aucune importance, le lieu du payement est indifférent. Ce qui constitue le payement, c'est l'ordre de décaisser, et cet ordre n'émane pas de Fontane.

Telles sont les explications que j'avais à donner sur le fait Baïhaut. La responsabilité de Fontane n'existe pas.

J'ajoute une observation très courte, mais qui n'est pas indifférente. Pas plus pour M. de Lesseps que pour M. Fontane, il ne peut être question ici de corruption. Qu'est-ce que c'est que la corruption? La corruption est à double face. Elle peut exister chez celui qui offre aussi bien que chez celui qui reçoit, quand celui qui est corrompu ne l'est qu'en raison de la corruption exercée sur lui. Mais il peut y avoir des corrompus sans qu'il y ait des corrupteurs, et c'est précisément notre cas. Que dit la loi, quand elle veut poursuivre un corrupteur? Il faut que celui-ci ait procédé par pression, par violence, par offres, par promesses ou par dons; sans cela il n'eût rien obtenu. Eh bien! a-t-il été nécessaire d'exercer des violences, de faire des promesses ou des dons à l'égard de Baïhaut pour le corrompre? Du tout!

Baïhaut était tout corrompu avant de venir au rendez-vous. (*Mouvements.*) Il n'est même pas venu se faire corrompre, il est venu pour imposer le prix d'un acte de sa fonction.

On n'a pas eu besoin de le corrompre. C'est lui qui nous l'a dit : il a senti germer dans son cerveau cette idée abominable. C'est lui qui a pensé à tirer un profit personnel d'un acte de son ministère, d'un acte qu'il considérait non seulement comme légitime, mais comme nécessaire. Comment, Messieurs les jurés, quand on vous posera cette question ; de Lesseps a-t-il corrompu Baïhaut? pourriez-vous dire : oui? Mais c'est la corruption spontanée de Baïhaut qui a contraint de Lesseps à lui donner 375.000 francs, après avoir subi toutes les conditions exigées pour les autres versements! Voilà la vérité... Dans le fait Baïhaut il y a bien un corrompu, mais il est impossible de trouver un corrupteur.

Passons maintenant au fait des parlementaires : MM. Sans-Leroy, Dugué de la Fauconnerie, Gobron, Béral, Proust. En ce qui me concerne, il serait presque inutile d'en parler, et je n'hésiterais pas à me taire si je n'avais à demander compte à M. l'Avocat général des motifs pour lesquels il a cru devoir englober Fontane dans cette étrange poursuite. Sans doute il n'y est pas compris comme auteur principal : si M. l'Avocat général avait tenté cette preuve, elle lui eût immédiatement échappé. Pourquoi? parce qu'il est impossible d'établir que Fontane ait jamais vu, de près ou de loin, l'un des cinq parlementaires qui sont assis sur ces bancs. Et par conséquent, on ne pouvait songer à en faire un auteur principal de la corruption.

On le prend alors comme complice, soit de de Reinach en ce qui concerne quatre parlementaires, soit d'Arton en ce qui concerne M. Sans-Leroy.

Je ne veux pas retenir longtemps votre bienveillante attention, Messieurs les jurés, sur cette partie du réquisitoire ; nous y avons aperçu la faiblesse de la conviction de M. l'Avocat général, au moins pour une partie des accusés. Je me borne à poser cette question : Y a-t-il des corrompus?

Pour la résoudre, il suffit de nous demander quelle est la preuve apportée par M. l'Avocat général. Or, veuillez bien fixer votre attention sur ce point, parce que l'accusation ne l'y a pas appelée : il n'y a qu'une preuve invoquée contre les parlementaires, c'est l'inscription de leurs noms sur la liste Andrieux.

Cette liste, je l'appelle ainsi, parce que c'est le seul nom qui lui convienne. C'est M. Andrieux qui l'a produite, c'est M. Andrieux qui a fait un trou au milieu du papier, c'est lui encore qui a porté cette liste devant la commission d'enquête parlementaire. Et comme nous ne savons pas si elle a été écrite par Stéphane, comme nous ne savons pas non plus si c'est bien la liste sortie des mains de de Reinach et de Herz, je lui donne le seul nom qu'elle puisse prendre : la liste Andrieux. Il n'y a pas d'autre preuve de la corruption des parlementaires que l'inscription de leurs noms sur cette liste.

Quelle est donc cette liste Andrieux? Vous avez entendu un témoin, Stéphane, qui déclare l'avoir écrite. Je le crois. Toutefois, une grave question se pose : à quelle date a-t-elle été écrite? Nous ne le saurons probablement jamais. Il est probable que Stéphane l'a écrite; on l'a fait écrire à l'instruction, et on a constaté une certaine similitude entre son écriture et celle de la photographie. La date demeure inconnue.

Mais en quoi donc cette liste Andrieux peut-elle nous préoccuper? Le voici. Cette liste a un caractère certain que je ne méconnais pas. Elle concorde avec une série de chèques sortis de la maison Thierrée, de chèques dont on vous a parlé et dont les talons ont été retrouvés au cours de l'instruction.

Eh bien! qu'y a-t-il de compromettant, d'inquiétant dans cette liste, dans ces talons, dans ces chèques? Le fait inquiétant ce n'est pas que le nom d'une personne se trouve inscrit soit sur un talon, soit sur un chèque Thierrée. Non, cela n'est pas inquiétant pour M. l'Avocat général, et voici pourquoi : nous avons trois chèques, notamment celui de M. Devès, celui de M. Léon Renault et celui de M. Albert Grévy, pour lesquels les noms des bénéficiaires se retrouvent en abrégé sur les talons. Deux d'entre eux ont signé et acquitté leur chèque eux-mêmes. Ce n'est pas un mal d'avoir reçu un chèque, d'acquitter un chèque donné par M. de Reinach, pourquoi? Parce qu'on peut l'avoir reçu pour une cause légitime. Et après l'arrêt de la Chambre des mises en accusation, M. l'Avocat général n'a plus le droit de contester, il ne conteste pas la légitimité de ces payements.

Nous savons donc déjà que ce n'est pas le fait d'être inscrit sur la liste ni d'avoir reçu un chèque qui constitue un fait inquiétant. Voici ce qui est inquiétant, et c'est là que se précise l'unique argument de M. l'Avocat général : en tête de cette liste, on trouve la mention suivante : « Il est facile de se rendre compte à la Banque de France que les distributions indiquées ont été faites *à l'occasion de l'affaire de Panama*, à la date du 17 juillet. »

La mention a sa valeur et c'est sur elle seule que repose toute l'accusation. Si cette mention n'existait pas en tête de la liste Andrieux, il n'y aurait rien, absolument rien.

Examinons donc cette mention sur laquelle s'appuie l'accusation. En ce qui me concerne, je ne peux pas le dissimuler, je n'ai aucune confiance dans cette mention, et voici pourquoi. C'est que cette liste est donnée comme ayant été envoyée par de Reinach à Herz, comme une justification de ses dépenses. De Reinach n'était pas assez sot pour écrire en tête de cette liste une mention qui l'eût compromis. Si sot, si dénué d'intelligence que nous le supposions, il nous est impossible d'admettre qu'il ait été aussi léger. Il eût trouvé une autre formule. C'est pour cela que la mention m'est suspecte, si on dit qu'elle a été dictée par de Reinach.

Allons plus au fond des choses et admettons la réalité de l'inscription, sous la dictée de de Reinach, de la mention compromettante. Celui qui fournit la liste, M. Andrieux, nous dit qu'il la tient de Herz et il ajoute qu'elle avait été envoyée à Herz par de Reinach. Eh bien ! que pense-t-il de ces deux personnages ? Oh ! le premier, de Reinach, M. Andrieux a déclaré que c'était un homme capable de tout. Sur le second, Cornélius Herz, M. Andrieux est un peu plus réservé, mais uniquement parce que, à un moment donné, Herz aurait été son client ;

il ne peut s'expliquer sur lui avec la même sincérité, mais la décision prise par le conseil de la Légion d'honneur remplace l'appréciation de M. Andrieux.

Ainsi voilà deux choses importantes : cette liste, qui est le fondement même de l'accusation, aurait été fournie par un homme qui est capable de tout à un autre homme également capable de tout.

Voyons maintenant la liste elle-même.

Il est déjà établi, pour le ministère public, qu'elle est entièrement dépourvue de sincérité. D'abord, en ce qui concerne les fonds qui auraient été remis à M. Floquet pour des usages gouvernementaux et s'élevant à une somme de 300.000 francs, la liste dit-elle vrai ? M. l'Avocat général nous répond non. Sur ce point, c'est donc entendu, la mention est fausse. Elle est nécessairement fausse, d'ailleurs, car si des fonds ont été versés à l'instigation de M. Floquet, ils ne proviennent certainement pas de de Reinach ; nous produisons les bons acquittés directement par la caisse de la Compagnie.

La liste dit encore qu'un chèque aurait été remis à M. Thévenet, ancien ministre, et acquitté par M. Dupuy. Est-ce vrai, Monsieur l'Avocat général ? Non : cette mention a été jugée fausse et calomnieuse, il a été décidé que M. Thévenet n'avait jamais rien touché.

On voit encore sur cette liste l'indication d'une somme de 20.000 francs, touchés par M. Jules Roche sur l'acquit de Schmidt, son secrétaire. Est-ce vrai, Monsieur l'Avocat général ? Non, il est jugé définitivement que cela est faux.

La liste dit qu'un autre chèque de 20.000 francs a été remis à M. Arène, touché par Orsati, son secrétaire. Est-ce vrai, Monsieur l'Avocat général? Non encore, et il a été jugé que cela est faux.

Voilà donc quatre mentions que l'accusation reconnaît absolument fausses quant à la matérialité même. Il n'a pas été remis de chèques à ces personnes.

C'est déjà un rude coup porté à votre unique preuve; mais continuons.

Nous voyons aussi une somme de 550.000 francs que la liste dit avoir été touchée par Barbe, ancien ministre, sur l'acquit du commandant Chevillard, secrétaire. L'accusation n'a pas eu à s'expliquer sur ce point, parce que Barbe est mort; mais d'autres ont voulu se renseigner et ils ont cherché. De Reinach a instruit contre Barbe. Il lui a dit : « Je ne vous devais pas cette somme de 550.000 fr.; vous savez bien que je la plaçais sous votre nom, pour un moment, afin de pouvoir dire que je l'avais payée, mais maintenant que j'ai fait la preuve que je voulais faire, rendez-moi cette somme. » Il y a un procès actuellement pendant entre la succession Barbe et la succession de Reinach, pour établir que Barbe n'était dans cette affaire qu'un prête-nom, interposé pour faire croire à Herz que de Reinach avait dû payer à Barbe 550.000 francs.

Voilà qui commence à ébranler singulièrement la sincérité de votre liste.

Sommes-nous au bout? Non, je viens de démontrer que les mentions sont fausses en ce qui concerne certains faits matériels. Je vais établir maintenant que d'autres sont également reconnues fausses en ce qui concerne l'intention.

Lorsque de Reinach a fait figurer les noms de MM. Devès, Léon Renault et Albert Grévy sur la liste et qu'il les a compris dans ses distributions *à l'occasion du Panama*, il est jugé qu'il a fait un mensonge, d'un autre ordre, mais un mensonge aussi. Est-il vrai, Monsieur l'Avocat général, que M. Léon Renault a touché la somme portée sur la liste, *à l'occasion de l'émission de Panama?* Il est jugé que cela n'est pas vrai et ainsi la mention est fausse.

M. Devès est porté également sur la liste. A-t-il touché à titre de corrompu? L'arrêt vous dit que non, Monsieur l'Avocat général, car il est jugé qu'il s'agissait d'une souscription promise par de Reinach à un journaliste pour la fondation d'un journal et que ce journaliste a touché la somme.

Pour M. Albert Grévy, pour M. Rouvier, pour M. Floquet, il en est de même.

Ainsi la liste porte seize noms et pour onze de ces noms, l'accusation ne peut plus ajouter foi à la mention qui rattache les chèques à « l'occasion du Panama ».

Que valent donc les quatre mentions qui restent? et comment se fait-il que M. l'Avocat général, qui a été obligé de reconnaître que la liste est fausse pour onze mentions, la prétende exacte et valable pour les mentions qui se réfèrent aux quatre personnes qui sont sur ces bancs? il n'y a pas moyen de concilier l'un et l'autre. Si la mention est croyable pour un seul, elle est croyable pour tout le monde; si elle n'est pas croyable pour les onze dont j'ai parlé, elle n'est croyable pour personne. Il vous est donc impossible, Messieurs les jurés, de prononcer une condamnation.

J'ai d'autres observations intéressantes à présenter. Cette liste avait un but dans l'esprit de M. de Reinach, si tant est qu'elle émane de lui; assurément, il n'avait pas pour but de donner des armes contre lui-même et d'inscrire sa propre infamie sur une liste destinée à un tiers; son but était de persuader à Herz qu'il n'avait plus rien dans les mains et qu'il ne pouvait rien payer de plus.

A ce point de vue, la liste nous donne un renseignement topique. Nous connaissons les faits : de Reinach avait reçu 4 millions 900.000 fr.; le total de la liste est de 2 millions 655.000 fr. ; si vous y ajoutez les 2 millions donnés à Herz, vous arrivez au total de 4.655.000 fr. En retranchant 4.655.000 ainsi payés des 4.900.000 reçus, il reste dans les mains de Reinach 245.000 fr. Le but de la liste est de montrer à Herz qu'on n'a plus rien dans les mains.

N'oubliez pas que nous savons également par un témoin digne de foi, M. Thierrée, que de Reinach ne s'est pas contenté de dicter une liste, il s'est fait remettre la copie figurative de tous les chèques tirés sur la Banque de France, le 17 juillet. Donc, en envoyant la liste, il a envoyé les chèques, et M. Propper nous l'a dit : il a envoyé les mentions marginales au crayon, inscrites sur les talons des chèques. Il a envoyé le tout à Herz qui a dû se dire : « Je n'aurais pas cru que ce pauvre de Reinach dût payer tant d'argent ».

Nous comprenons dès lors pourquoi la liste a été envoyée. C'est parce que de Reinach avait besoin de justifier que, sur la somme de 4.900.000 fr. par lui reçue, il ne lui restait plus rien. Pour les 2.000.000 fr., ils avaient été remis à Herz; mais pour le restant, pour les 2.600.000 fr., il fallait une justification; et nous imaginons très facilement comment l'idée de la produire est née dans son esprit.

Avec les fonds provenant de la Compagnie de Panama, M. de Reinach avait payé ses créanciers personnels ; il a eu soin de ne présenter à Cornélius Herz que des noms sur lesquels l'équivoque fût possible, noms de députés, de sénateurs ; soit qu'il eût réellement acquitté envers eux des dettes antérieures, soit qu'il ne leur eût jamais rien versé à aucun titre.

Nous le savons par M. Andrieux lui-même, M. de Reinach ne peut inspirer aucune confiance. Pour justifier en apparence un décaissement de 2.655.000 fr. relatifs à l'affaire, il n'a pas hésité à porter sur la liste les noms de MM. Floquet, Thévenet, Jules Roche, Arène, Barbe qui n'ont rien touché ; ceux de MM. Albert Grévy, Renault, Devès, Rouvier, qui ont été payés par lui pour d'autres causes ; enfin les 300.000 fr. qui ne sont jamais sortis de sa caisse.

Il lui manque encore 1.340.000 fr. Que va-t-il faire ? Il ne peut plus inventer de noms utiles, au moins parmi ses créanciers. Vite, il faut une défaite nouvelle et il inscrit que ces 1.340.000 fr. ont « été touchés, en divers chèques, à la même époque par Arton et distribués à 104 députés, dont il peut fournir la liste et qui ont reçu des sommes variant de 1.000 à 300.000 fr., ce dernier chiffre à Sans-Leroy ».

Et voilà la liste Arton ! Eh bien ! avez-vous plus de confiance dans la liste Arton que dans l'autre ? Avez-vous plus de confiance dans cette mention nouvelle, qui a affolé la France entière ? Il parle des 300.000 fr. de M. Floquet : or ils sont sortis de la caisse du Panama et non de la sienne. Et il a l'impudence d'indiquer cette liste des 104 ? Cela est abominable. Il eût suffi d'examiner tout cela avec calme et sang-froid, pour que ce déluge de calomnies, tombé sur notre pays, fût arrêté dès le début. On frémit de voir la puissance d'un écrit, même quand cet écrit est une infamie.

Voyons donc la suite. Est-ce que vous croyez que Cornélius Herz a longtemps cru à la sincérité de la liste que lui avait envoyée M. de Reinach? Mais, Messieurs, il lui suffisait d'examiner les noms pour savoir que jamais aucun de ceux dont les noms y figuraient ne pouvait avoir été un corrompu!

Rappelez-vous cette démonstration si évidente, si lumineuse, qui voûs a été présentée par Me Barboux : « Est-ce qu'on a besoin d'eux? Est-ce qu'on a besoin d'acheter le vote de celui-ci ou de celui-là? Mais non, il y a eu à la Chambre une majorité écrasante. On n'avait pas besoin de toutes ces corruptions ». Herz toutefois a gardé la liste en se disant : « Ce papier-là, vaut plus que les 1.500.000 francs ou les 2 millions qu'on m'a volés, et grâce à lui, j'aurai d'autres millions... ou, encore une fois, tout sautera! »

Alors, vous avez vu le chantage! Herz n'a plus écrit de dépêches, le procédé était usé; mais il a laissé entrevoir la liste à quelques personnes sans la leur donner. Les partis s'en sont emparés. Une effroyable campagne a été commencée; M. de Reinach, affolé, a été se précipiter aux genoux de Cornélius Herz. Songez à la situation pitoyable dans laquelle se trouvait ce malheureux, enfermé dans l'alternative ou de reconnaître qu'il avait indignement trompé Cornélius Herz, en lui faisant passer pour des corrompus des hommes honnêtes, ou de confesser qu'il avait signé lui-même sa condamnation comme corrupteur. Le pauvre homme! il fallait donner beaucoup d'argent pour reprendre cette liste, il n'en avait plus. Il a payé de sa vie; il n'avait plus que cela à faire! Souhaitons qu'Abraham l'ait reçu dans son sein!

Est-ce tout? non, non, ce n'est pas encore tout! Cornélius Herz a la liste; il va en faire un autre usage et peut-être pourra-t-il en tirer un autre parti.

Les événements ont marché. Le bruit qui s'était fait autour de ces difficultés, autour de ce procès, est venu à l'oreille des partis politiques; il y a des hommes qui sont aux aguets, ils flairent quelque épouvantable histoire qui portera au gouvernement, au parti républicain tout entier un coup funeste. Ces gens s'avancent peu à peu, ils écrivent dans les journaux des demi-révélations. Une rumeur publique se forme lentement. Enfin, vient un moment où il faut que les choses soient prouvées. On ne calomnie pas impunément et toujours des hommes jusque-là respectés... Mais comment faire la preuve?

Par des indiscrétions, on sait qu'elle est dans les mains de Cornélius Herz. Les adversaires coalisés du parti républicain envoient auprès de lui un ambassadeur; mission difficile, mission délicate qui vous a été avouée à cette barre par M. Andrieux. « Nous nous étions, a-t-il dit, beaucoup avancés, il fallait une preuve, je suis allé la chercher... » Nouveau Jason, il est revenu avec la Toison d'or.

Comment l'a-t-il obtenue? Ah! Messieurs, c'est avec une foule de délicatesses et de nuances que M. Andrieux nous a fait le rapport de son entrevue avec Cornélius Herz. D'abord refus, puis quelques faveurs préliminaires; on lui montre la liste. M. Andrieux, malgré sa prodigieuse mémoire, ne peut pas en retenir tous les détails. Faveur nouvelle : on la lui laisse quelques instants entre les mains. Il la couvre de baisers. (*Rires dans l'auditoire.*)

Devenant de plus en plus entreprenant, il obtient qu'elle soit copiée et il quitte Londres en triomphateur, emportant dans sa poche la promesse que par un prochain paquebot la photographie elle-même lui parviendra. C'est charmant !

Quels moyens a employés M. Andrieux? Mon Dieu, la séduction, l'insistance, un peu de violence peut-être, mais surtout ceci : « J'étais irrésistible, j'étais avocat... Je me suis présenté à Cornélius Herz pour lui donner une consultation sur son cas, c'était fort difficile; j'ai demandé à tout connaître, à tout voir et enfin il m'a laissé faire ! »

Que voulez-vous, Messieurs ! je suis très incrédule. De tout autre homme pourtant, j'aurais admis qu'il n'eût pu résister à M. Andrieux. Mais de M. Cornélius Herz ! de celui qui a vu ce pauvre de Reinach à ses pieds, qui a résisté aux supplications (c'est M. Andrieux qui nous le dit) de M. Rouvier, qui a soutenu impassible le regard de M. Clémenceau, son ami, qui a laissé se tuer de Reinach de désespoir,... de Cornélius Herz, ce loup-cervier !

Il aurait ainsi cédé aux arguments insinuants de M. Andrieux !

Oh ! Messieurs, je n'en crois rien. Cornélius Herz n'est pas un artiste, et la diplomatie la plus élégante devait le laisser fort indifférent. Il ne connaissait que l'argent.

Mais j'y pense ! n'ai-je pas entendu M. Andrieux, non pas à propos de M. Cornélius Herz, mais à propos de M. Arton, nous dire : « Moi aussi j'ai couru après les papiers d'Arton et j'ai cherché à les obtenir ; je savais bien que cela me coûterait cher, je n'ai pas de fortune personnelle, mais j'ai des amis, qu'une dépense utile n'effraie pas, et qui par une collecte faite entre eux m'eussent mis à même de fournir, quelles qu'elles fussent, les sommes nécessaires pour acheter ces papiers » ?

Tenez, Messieurs, voilà le moyen bien sonnant que M. Andrieux, selon moi, — je n'avance ici qu'une simple hypothèse, a dû employer vis-à-vis de M. Cornélius Herz. Car, soyez-en parfaitement convaincus, la liste qui lui avait coûté 2.650.000 francs n'est pas sortie pour rien des mains de M. Cornélius Herz.

Et maintenant, vous savez la genèse du procès. Voilà la pièce ! Elle vient à la tribune, elle vient à la commission d'enquête ; elle est fausse, vous n'en doutez plus, et le ministère public le sait comme nous aujourd'hui, puisque sur dix-sept mentions, il y en a douze qui ont définitivement été jugées mensongères. Alors je demanderai à M. l'Avocat général : « Expliquez-moi donc pourquoi nous sommes ici. »

Pourquoi ces poursuites ? Pourquoi, Messieurs ? Vous allez le comprendre en un instant.

Ces poursuites, elles sont la conséquence de la première faute, commise par le gouvernement, quand toutes ces révélations scandaleuses ont éclaté. Il fallait avoir le courage de se mettre résolument en face de ses adversaires et de leur dire : « Vous qui êtes les pires ennemis de la République, les pires ennemis de nos institutions, toujours prêts à monter à l'assaut du pouvoir et à désorganiser ce pays, voilà ce que vous apportez à la Chambre ! » Il fallait les démasquer, les réduire en poussière.

Qu'a fait le gouvernement ? Le gouvernement, Messieurs, a préféré croire M. Andrieux, M. de Reinach et M. Cornélius Herz que de croire à la probité, à l'innocence et à l'honneur de deux des membres du ministère, de trois anciens ministres, de ses meilleurs amis, de ses plus fermes soutiens, de ceux qu'une existence de vingt années semblait devoir protéger contre le soupçon de pareilles infamies.

D'un côté : deux ministres en exercice, deux collègues avec lesquels on soutenait la veille les mêmes combats, trois anciens ministres, un gouverneur général de l'Algérie, un ancien préfet de police ; avec eux, le renom de la France, la réputation du gouvernement parlementaire, tout ce patrimoine d'honneur, de probité, qui fait le fond de nos mœurs françaises, qui est notre bien à tous !

De l'autre : un escroc international du plus bas étage, à côté de lui un banquier véreux et ruiné qui venait de sortir de la vie par un suicide, et, les conduisant tous deux, tenant la ficelle de ces deux pantins, un partisan politique à la tête d'un parti défait et battu, mais qui, dans sa rage, n'hésite pas à tourner contre l'honneur de la patrie des mains parricides !

Eh bien ! entre ces deux partis, quelle décision ont prise les ministres qui nous gouvernaient alors ? eux qui tenaient les rênes du gouvernement, qui avaient en garde l'honneur du drapeau, qui étaient responsables de tous ces biens amassés par la probité des siècles ? Ils n'ont pas hésité, Messieurs ; sans attendre vingt-quatre heures, sans une instruction préalable, sans un mot dit à l'oreille, sans un serrement de mains échangé, sans un avertissement, après une journée passée côte à côte avec les accusés du lendemain, ils ont mandé leur Procureur général et lui ont enjoint de demander la suspension de l'immunité parlementaire, qui allait être suspendue d'elle-même deux jours après, contre deux de leurs collègues de la veille, contre trois anciens ministres, des députés, des sénateurs ; tout y a passé !

Ah ! Messieurs, nous n'aurons jamais assez de larmes pour pleurer les fautes de la vanité et de la faiblesse de ceux auxquels nous avions confié ce jour-là les destinées de la France ! Et notre pays tout entier s'est voilé la face en ressentant l'outrage qu'il recevait sur la joue des mains mêmes de son gouvernement.

Voilà la faute ! A peine commise, on s'en est aperçu. Après l'effarement du premier moment, quoi ! parmi les personnes poursuivies, ministres, députés, sénateurs, tous sont républicains ! pas un de la droite ! qu'avons-nous fait ?

Et ce n'est pas assez, les événements marchent. Le 21, on a cloué onze républicains au pilori, et voilà que le 24, M. de Lesseps a parlé. M. de Lesseps, ce républicain convaincu, qui a subi tant de mauvais jours depuis la chute de l'entreprise : depuis trois ans en butte à toutes les infamies, il a gardé, cachés au fond de son cœur, ces secrets qu'on lui eût payés bien cher si on les eût connus, les faits Baïhaut, Freycinet, Floquet, Clémenceau. M. de Lesseps, depuis le 16 décembre au secret, n'a rien dit; malgré les tortures qu'on lui a infligées, malgré le cabriolet, malgré la voiture cellulaire, il ne parlait pas. Pourquoi? Parce qu'il a au fond du cœur le sentiment que s'il parle, la Patrie recevra une éclaboussure et qu'il a dans les veines le sang de son père.

Mais, le 24 décembre, le juge d'instruction lui dit : « Monsieur de Lesseps, vous êtes un voleur! —Comment! voilà une accusation qui n'a jamais été portée contre moi! — Vous êtes un voleur, on a relevé 975.000 francs de payements dont les bénéficiaires sont inconnus; si vous ne dites pas à qui vous avez remis l'argent, c'est que vous l'avez gardé pour vous! »

Il ne voulait pas parler, mais devant cet outrage, cet homme qui n'a plus de fortune, plus d'avenir, mais à qui restent son honneur et son nom, ne peut soutenir la pensée d'être souillé par l'accusation d'un vil détournement. « Tout, tout, plutôt que cette infamie! Je vais tout dire : j'ai donné 375.000 francs à M. Baïhaut. »

Ce n'est pas lui qui a pâli, c'est le juge d'instruction. Un républicain de plus!

Et le lendemain? Le lendemain il dit les faits Freycinet. Ce n'est pas lui qui a blémi, c'est le juge!

Comprenez-vous, Messieurs? le 21; on arrache les ministres de leur siège, on livre tous ces sénateurs, tous ces députés; on s'aperçoit qu'il n'y a pas un membre de la droite et puis, voilà que, coup sur coup, au cours de cette instruction pleine de surprises, où les tortures morales arrachent à M. de Lesseps qui veut les cacher des révélations nouvelles, voilà qu'à ces onze ministres et députés républicains viennent s'ajouter un ancien ministre convaincu d'infamie, un ancien ministre de la guerre, président du Conseil, M. Clémenceau, M. Ranc, les têtes de deux partis importants, et jusqu'au président lui-même de la Chambre, qui se trouve, dans sa pureté et dans son innocence, compromis par les imprudences du pouvoir !

Vous rendez-vous compte, Messieurs, de l'affolement de ce gouvernement qui entrevoit avec terreur les conséquences épouvantables de sa conduite ? Ah ! je comprends son affolement ; pas un député de la droite ! Alors on fait venir Cottu. « Allons, Cottu, un député de la droite ? — Je n'en connais pas... » Eh bien ! et Mme Cottu, il faut qu'elle parle, elle aussi ; on la fait filer par la police, et sous le prétexte classique, qui réussit toujours vis-à-vis des femmes... rappelez-vous la *Tosca*... on la fait venir, et pendant une heure quarante, M. Soinoury la torture... « Mais, Messieurs, vous disait-il ici, je n'ai fait que mon devoir, je suis directeur de la Sûreté générale, j'ai posé des questions à cette femme pour savoir la vérité... » Qu'a-t-il demandé ? le nom d'un député de la droite.

Il n'a rien obtenu, et la question n'a pas fait un pas ; il n'y a qu'une *action criminelle* de plus ; c'est votre mot, Monsieur l'Avocat général, et il restera.

Il y avait encore un moyen d'en finir. L'instruction se termine, l'instruction est close ; vous avez vu quelles sont les preuves, et vous avez pu apprécier leur inanité. On pouvait donc en sortir, en disant : « Nous nous sommes trompés, tout le monde est innocent. »

Ah ! on n'a pas osé ! c'est par crainte de l'opinion publique que l'on a décidé les poursuites, et c'est encore par crainte d'une fausse opinion publique qu'on va les maintenir.

Cependant l'évidence a arraché sept personnes à la Cour d'assises; puis, il y avait peut-être le sentiment que Me Barboux indiquait : il n'aurait pas fait bon pour un avocat général se trouver en face de M. Rouvier, de M. Devès, de M. Thévenet.

Eh bien ! pourqui ne pas les relaxer tous ? Messieurs, parce que si l'on avait renvoyé tout le monde, comme le bon sens voulait qu'on le fît — sauf Baïhaut, je ne peux pas ne pas l'excepter — si l'on avait renvoyé tout le monde, mais qui donc en France eût pardonné au gouvernement d'avoir ordonné ces poursuites? qui donc ne lui eût pas crié, non pas comme je viens de le faire tout à l'heure, moi qui ne suis qu'un simple avocat, mais qui donc, à la Chambre, ne lui eût pas crié que sa conduite avait été... enfin j'aime mieux ne pas la qualifier, vous m'avez compris, et cela me suffit.

Eh bien ! on ne voulait pas cela, il fallait éviter cela; il fallait donner au pays, au jury, au moins l'apparence, le simulacre d'un procès; il fallait qu'à défaut des grands personnages, on eût au moins un nombre relatif de personnes qui vinssent figurer sur ces bancs.

On a fait le compte. Voyons : quatre personnalités parlementaires peu importantes, elles n'ont rien à dire d'inquiétant; Sans-Leroy, cela va tout seul; Baïhaut et Blondin, cela fait sept; nous allons ajouter Fontane et de Lesseps, et comme cela nous aurons peut-être la chance que le jury passe sa colère sur MM. de Lesseps et Fontane pour les punir d'avoir parlé. Et combien cela serait injuste !

Oui, le gouvernement a cru que cela suffirait, il a cru se sauver; il le croit !

Il est vrai que cela a permis à M. l'Avocat général de rester sur le siège où la confiance de M. le Garde des sceaux l'a fait monter, pour soutenir contre la République les accusations des factions déchaînées.

. . . .

Nous voici, Messieurs, arrivés à la fin. Vous allez bientôt rendre votre verdict, vous jugerez. Ah ! je n'ai pas d'inquiétude, je sais bien comment vous jugerez.

J'ai fait mon devoir, j'ai rempli ma tâche. Je suis un vieux républicain ; pendant trente-cinq ans, loin du pouvoir, loin des honneurs, dans mon modeste métier, dans mon humble sphère, j'ai été un serviteur infatigable et inflexible de la justice et de la liberté.

Moi aussi j'ai la conscience d'avoir défendu ici la République ; je l'ai défendue à ma manière, et j'ai la confiance que la France aime mieux être défendue comme cela qu'à la façon et suivant la formule du gouvernement et du ministère public.

Maintenant rendez votre verdict. Je suis convaincu, quant à moi, que par un verdict unanime, vous donnerez une leçon mémorable au gouvernement de demain, à tous les gouvernements futurs de la France, et que vous donnerez dès à présent une satisfaction à la conscience publique trop longtemps angoissée. (*Applaudissements et longs murmures d'approbation.*)

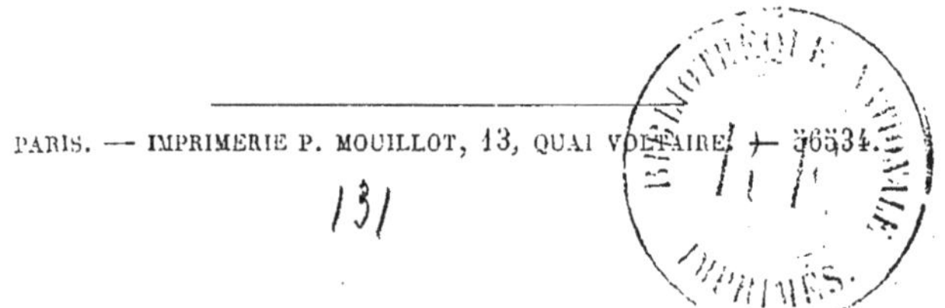
PARIS. — IMPRIMERIE P. MOUILLOT, 13, QUAI VOLTAIRE. — 36534.

131

www.ingramcontent.com/pod-product-compliance
Ingram Content Group UK Ltd.
Pitfield, Milton Keynes, MK11 3LW, UK
UKHW021145230726
13926UKWH00002B/935